金運100

たかみー

扶桑社

はじめに

数ある本のなかから、この本を手に取っていただいて、本当にありがとうございます！

今、このページをめくっているあなたは、きっと「お金」について、高い関心を持っていることでしょう。もしかしたら、経済的に何か困った事態に陥っている方もいるかもしれません。

でも、安心してください。この本を選んでくださった時点で、あなたの金運は何倍にも上がっています。

この世に生きている限り、お金の不安は尽きることはありません。

「収入が急に下がったのに、物価だけは上がり続けて、生活が成り立たない」

「貯蓄がまったく貯まらない。このままでは将来が不安」

「やりたいことがあるけれど、当座の生活費のために働かざるを得ない」

「子どもがどんどん大きくなって、今後の教育費が心配」

人によってさまざまなお悩みを抱えていることでしょう。

でも、この世の中にあるお金の法則に従って、日々の生活の意識や行動をほんのちょっと変えるだけで、実はお金の悩みの多くが解決される……という事をご存じでしょうか？


「お金の法則なんて存在するの？」

「意識や行動を変えるだけで、本当にお金に困らなくなるの？」

そんな疑問を抱いた方もおられるかもしれません。

本当に不思議なことですが、きちんとお金と向き合い、運を大事にする習慣を身に着けることで、驚くほど状況は改善していきます。

実際、私が金運に関心を持ち始めたきっかけも、私自身が「お金がない！」という苦しい状況に直面したことでした。

会社員から独立し、お店を経営していたのですが、人間関係に思い悩んでお店をたたんだことで、1500万円もの借金を抱えることになりました。それまでの日常は崩壊し、またたく間に家計が成り立たなくなってしまったのです。

そんな状況に陥って初めて、お金の存在が心と生活にどれほど大きな影響を与えるかを実感するようになりました。

同時に、「お金に対する考え方を見つめ直さなければ、この状況から抜け出すことはできない！」と強い危機感を抱き、行動に移すようになったのです。

とはいえ、それまでの私は、ほとんど金運には興味を持っておらず、知識はゼロ。それでも、借金によって状況が変わったことで、「現状を変えよう！」と金運を高める方法を学び始めることにしたのです。

最初に実践したのは「良い日を選ぶ」、「物の扱い方を変える」などの些細《ささい》なことばかり。もちろん、すぐに大きな結果が出たわけではありません。

しかし、継続することで徐々に状況は改善し、借金も完済できました。また、自分自身の行動や考え方が変わり、人生全体も豊かになったと感じています。

この本では、私が日常生活で実践してきた金運をアップさせる100の方法を、具体的にくわしく紹介しています。簡単に取り入れやすいものばかりなので、誰でも今日から実践できるはず。1週間、1か月と経過するうちに、たしかな効果を実感するはずです。

さぁ、一緒に金運アップの旅へ出かけましょう！

●もくじ●

【人間関係編】

【お出かけ編】

【お金にまつわる行動編】

【邪気払い編】

【参拝・お守り編】

【マインド編】

001
↓
020
【生活習慣編】

001

柑橘系の香りを焚く

金運を上げる日常習慣のひとつとして、まずおすすめしたいのが、柑橘系の香りを部屋のなかに漂わせることです。

古くから、レモンやグレープフルーツなどの柑橘系の香りには「金運全般を引き寄せるパワーがある」と言われてきました。爽やかで清潔感のある香りは心を前向きにしてくれるだけでなく、余計な迷いやネガティブなエネルギーを払うサポートにもなります。

大切なのは、こうした金運を呼び寄せる香りを毎日の生活に自然に取り入れ、習慣として続けること。アロマキャンドルやアロマディフューザーを使って、部屋全体に香りを漂わせるのはもちろん、ハンドクリームやボディオイルなど、日常的に使うアイテムを柑橘系のものに変えてみるのもおすすめです。使いやすく、周囲からも不快感を抱かれにくい香りなので、さりげなく金運アップを促してくれるはずです。

さらに、悪い運気を排除してくれるゼラニウムの香りをプラスするのもひとつの方法です。ゼラニウムには虫よけの効果も期待できるため、生活空間を清潔に保ちながら、経済的な運気を正常にする相乗効果が得られるかもしれません。柑橘系のオレンジやマンダリンと組み合わせると、お互いの香りが引き立ち、太陽の光を浴びたような明るい気分を演出してくれます。

忙しい日常のなかでも、朝の準備をするとき、あるいは夜のリラックスタイムに少し漂わせてみるだけでも、部屋の空気がパッと変わり、心まで軽くなっていくのを感じられるはず。気持ちが明るくなると、不思議とやる気が湧《わ》いてきて新しいアイデアが浮かんだり、普段なら面倒に思うこともスムーズに片づいたりすることが増えます。そんなポジティブな循環が、やがては金運を呼び込む流れをつくってくれるのです。

002

自分にご褒美をあげる

金運を高めるルールのひとつが、自分自身を大切に扱うことです。なぜなら、自分を大切にすればするほど、潜在意識が「自分は価値のある存在だ」と認識するようになるからです。

自分への扱いが雑だと、誰しも「私は大した存在じゃない」と思い込んでしまいがちです。すると、気づかぬうちに周囲からも同じように扱われやすくなり、金運も逃げていきます。逆に、自分自身をしっかり喜ばせて「私は十分に愛されるべき存在だ」と認めると、その肯定感が外側の世界にも反映されやすくなるのです。いわば、自分に対するいたわりが、金運を呼び込む扉を開く鍵になると言えるでしょう。

ただ、日々に忙殺されていると、自分の心と体をいたわる時間をなにかと後回しにしてしまいがちです。ですから、忙しい日々を送っている人こそ、「自分にご褒美をあげる」という行為が、運気を底上げする近道になるのです。

たとえば、美味しいスイーツや好きなコーヒーをゆっくり味わうひととき、あるいは前から気になっていた本を買うなど、些細な贅沢《ぜいたく》でも構いません。そういった自分へのケアや好意が、金運アップのエネルギー源となります。

とはいえ、むやみに散財するのはNG。大事なのは「自分が本当に喜ぶもの」に焦点を当てて、意識的に自分に対して贈り物をすることです。疲れを癒やしてくれる温泉に入ってみる、エステでワンランク上のトリートメントを受けてみる、自分を磨く勉強会に参加してみるなど、選び方は自由です。心がパッと明るくなるようなものを直感的に選び取れば、そのワクワクや充足感が、あなたの生きるエネルギーを高め、結果的に金運も高めてくれるはずです。

003

太陽の光を浴びる

金運を上げたいと願うなら、毎朝のルーティンとして取り入れてほしいのが、「太陽のエネルギーをしっかり取り込む」ことです。

太陽の光には、私たちの体と心を活性化し、ポジティブな方向に導く力があるとされています。朝起きたら、まずは窓を開けて新鮮な空気を取り込みつつ、朝日を浴びてみてください。降り注ぐ太陽の光が、体のスイッチを入れてくれます。早起きが得意な方は、日の出の瞬間を見つめるのもおすすめです。神秘的な日の出を目の当たりにした高揚感が、日々の行動力やモチベーション、ひいては金運アップにつながります。

朝、早起きするのが苦手だという人は、日中、太陽の光を浴びる時間を意識的につくってみましょう。散歩はもちろん、ベランダや窓辺でのんびり日向ぼっこをするだけでも、心と体が少しずつ軽くなるはずです。明るい場所に身を置くことで、自然と笑顔が増え、前向きな気持ちが芽生えやすくなるものです。金運はポジティブな人に訪れるので、太陽の力で金運の入り口が広がり、あなたの運気もアップしていきます。

そして、一年のなかでも特におすすめなのが、元日か夏至の太陽を浴びること。この2つの特別な日の太陽は、エネルギーが格別です。また、春分の日と秋分の日は、昼と夜の長さがほぼ半分になる「エネルギーの大転換期」です。このタイミングは「スターゲートの扉が開く」と言われており、太陽が鍵となり、エネルギーを循環させ、運気を底上げしてくれるのです。

元日や夏至、春分の日や秋分の日といった節目の日の太陽の光を浴びることで、ポジティブなエネルギーが体中を循環していきます。この日ばかりは頑張って早起きして、外に出て、新鮮なエネルギーに満たされた日の出を見れば、金運がぐんとアップするでしょう。

004

月光浴をする

太陽の光だけではなく、月の光を浴びることも、金運アップには効果的です。月光浴は、昔から神秘の儀式として多くの人々に受け継がれてきました。月の光には、優しくもパワフルなエネルギーが宿っていて、特に満月の夜にはその力が最高潮になると考えられています。「金運は丸いものに宿る」「黄色は金運そのものを象徴する」とも言われており、円形である満月を見上げることは、まさに〝金運アップの象徴〟を目に焼きつける行為とも言えるでしょう。

また、人間のバイオリズムは月の満ち欠けとリンクしていると言われます。月の光を眺めながら時の流れを感じることは、自然のサイクルに調和するのと同じこと。自分自身の運気のリズムを整える上でも大切な習慣です。

月光浴をより効果的に楽しむコツは、窓を開けて直接月の光を浴びること。夜風とともに届く月光は、私たちの心と体を優しく浄化し、運気を高めるエネルギーをチャージしてくれます。

そして、さらにおすすめなのが、「お月見団子」をお供えすることです。丸い形のお団子は「金運が宿る」アイコンそのもので、月のパワーを集めやすいのです。ですから、お供えして月の力が満ちたお団子を食べることで、外側からだけでなく内側からも金運を呼び込む体質に近づきます。神秘的なお月様と〝丸いお団子〟の組み合わせは、金運アップにおいて最強のタッグになるかもしれません。加えて、月光浴をしながら、お財布を月の光にかざして〝フリフリ〟と振ってみるのもおすすめです。月の浄化パワーがあなた自身はもちろん、財布に行き渡り、お金のめぐりが良くなります。

月光浴を行う際は、静かで落ち着いた環境を選ぶと、その神秘的なパワーをより強く感じられるでしょう。静寂のなかに降り注ぐ月の光。その神秘的なパワーが、あなたの金運アップに役立つはずです。

005 寝室にスマホを持ち込まない

夜、寝る前までスマホやタブレットなどのデバイスを手放せない。現代はそんな方も多いですが、実はこの行為が、金運を下げてしまうことをご存じでしょうか。

寝室は心身を休め、エネルギーを充電するための神聖な空間です。疲れを癒し、質の良い睡眠を確保することは、金運を含むあらゆる運気アップに欠かせません。しかし、デジタル機器は交感神経を刺激して、脳を興奮状態にさせてしまいます。そのため、長時間眠ったつもりでも疲れが取れなかったり、日中に眠気を感じたりする原因になりがちです。これでは、せっかくの休息の時間が台無しになってしまいます。

だからこそ重要なのが、「寝室にスマホを持ち込まない」という習慣づくりです。寝る前の時間は、スマホの代わりに本を読んだり、アロマの香りを楽しんだりして、デジタル機器と距離を取りましょう。目覚まし時計代わりにスマホを使っている方は、アナログの目覚まし時計を導入するのもおすすめです。寝る1時間前にはスマホを別の部屋で充電するようにすると、自然と触る時間も減っていきます。

さらに、寝室の空間づくりも大切です。心を落ち着かせる間接照明やリラックス効果のあるアロマを活用してみると、眠りにつく準備がスムーズになります。お気に入りの枕や寝具を用意するのも、睡眠環境を整える大きなポイントです。丁寧に整えた寝室は、まさに運気アップの〝充電ステーション〟になります。

十分に心と身体を休めた状態で迎えた朝は、金運を含むさまざまな運気を引き寄せてくれます。心身が満たされれば、自然とお財布も満たされていくはずです。

006

ハンドクリームを塗る

ハンドクリームを塗る。そんな何気ない行為が、実は金運アップにもつながることをご存じでしょうか?

古くから、身体の部位のなかでも、指先は「運気が入り込む入り口」だと言われてきました。だからこそ、清潔感をもって指先をこまめにケアし、常に美しく保っておくことが、良い運気をスムーズに引き込むための第一歩になります。

そんな指先ケアのなかでもおすすめなのが、手肌にうるおいを与える「ハンドクリーム」。肌を整えるだけでなく、その香りやテクスチャーによって、さまざまな運気を呼び込みやすくしてくれるのです。

反対に、指先がカサカサしていたり、ささくれができたりすると、自分自身も気分が落ち込んでしまうし、〝良い運気〟の通り道を狭めがちです。ハンドクリームで、保湿のみならず、マッサージをしながら塗り込むことで、滞っていた運気の流れがスムーズになり、気づけば心までもふんわりと和らいでいるはずです。

なお、金運の神様は、いい香りも大好きです。金運を上げたいならば、柑橘系の香りのハンドクリームがぴったり。レモンやオレンジ、グレープフルーツなどの爽やかな香りは、心を軽やかにしながらポジティブなエネルギーを引き寄せてくれるでしょう。

また、「浄化」を願うならラベンダーやペパーミントなどがおすすめ。ペパーミントはとりわけ〝臨時収入を呼び込む香り〟として有名で、清涼感のある香りが滞った気を一掃し、新しい幸せを招き入れてくれます。

もし余裕があれば、ネイルケアもあわせて行うとベスト。ツヤツヤの爪先は見るだけで気分が上がり、良い運気を呼び込んでくれます。

007

髪につやを出す

金運の神様は、つやつやしたものやキラキラしたものが大好きです。そのなかでも、自分の身体の一部である髪のつやは、運気を左右する重要な鍵となります。髪がつややかで美しく整っている状態は、金運の神様に愛され、運気を与えられやすくなります。

実際に、髪にしっかりとしたつやがあると、それだけで見た目の印象も変わります。髪につやがあれば、清潔感や品の良さを感じさせ、周囲からの評価が高まるだけでなく、目には見えないエネルギーの流れも整えてくれるのです。そのエネルギーが好循環を生み、良い人脈や仕事との出会いを引き寄せ、金運アップの後押しをしてくれます。

自分の髪の毛のダメージが気になる方は、補修効果の高いシャンプーやトリートメントを選ぶとよいでしょう。髪のパサつきが気になる場合は、ヘアオイルや洗い流さないトリートメントなどを駆使してみてください。さらに、頭皮マッサージを習慣にしてみるのも効果的。髪をいたわる時間を持つことは、自分を大切にすることにほかなりません。その積み重ねが、自然と金運を含むあらゆる運を引き寄せるポイントになるのです。

また、髪のつやが増すと、鏡を見るたびに少しだけ自信が湧いてくるはず。「自分がちゃんと整えられている」という感覚は、外へ向かうパワーの源泉となり、新しいチャンスや良縁に敏感になるきっかけをつくってくれます。その好循環こそが、金運アップをはじめとした運気の底上げに直結していくのです。

頭の上には金運の神様からのご加護が降り注いでいる……。そう思うだけで、髪のお手入れがこれまで以上に楽しくなるかもしれません。

008

口角を上げる

口角を上げている人を見かけると、誰しも「なんだか楽しそうで素敵だな」という印象を受けるはず。この「口角を上げる」という行為は、金運アップにも大きくかかわってくると言われています。

その理由のひとつは、口角の形です。口角が上がったときの口元は、まるで「お皿」のような形になります。神様からの幸運やチャンスといった豊かなエネルギーが降り注いだとき、そのお皿があればしっかり受け止められる、というわけです。逆に、口角が下がって「への字口」になっていると、せっかくの運がスルリと滑り落ちてしまうのです。

鏡の前で「ニコッ」と笑ってみたり、デスク周りに小さな鏡を置いて時折チェックしたり、お風呂で〝イーっと口角上げタイム〟をつくるなど、習慣化しやすい方法を試してみるといいでしょう。特に、忙しさやストレスで心が疲れているときは、表情まで硬くなって、自分では気づかないうちに口角が下がるものです。ふと、鏡を覗《のぞ》いた瞬間に、「あれ、私、こんな表情をしているの？」とショックを受けた経験がある方も多いはず。そんなときこそ、意識的に「ニコッ」と口角を引き上げてみましょう。楽しくなくても、顔の筋肉を動かして微笑むだけでも、脳は「楽しい」「嬉しい」といったポジティブなシグナルを察知します。心も自然と軽やかになり、それにともなって金運もキャッチしやすくなります。

また、心が感謝にあふれているときや、物事の良い面を見つめようとしているときは、自然と口角が上がり、笑顔になりやすいものです。「今日はどんなことがあったかな？」「小さな幸せを一つ見つけてみよう」と、1日1回でもいいので振り返る時間をつくってみましょう。感謝の気持ちを意識することで、心がふんわり温かくなり、口元がほころぶのを感じられるはずです。

009

光るアクセサリーを身につける

キラキラと光るものには、誰しも本能的に心を惹かれるもの。昔から「お金は光るものに近づいてくる」と言われており、ゴールドやシルバーなどの輝きを持つアクセサリーは、金運アップの強力なパートナーとなります。

特にゴールドは神様が好む色のひとつ。その希少性から古来より通貨の代わりとして重宝されてきました。お金そのものと同じエネルギーを発するゴールドを身につけることで、お金の〝仲間意識〟を刺激し、自然と財運を引き寄せやすくなるのだとか。まさに「光るものが好きなお金」と「光るゴールドアクセサリー」の相性は抜群と言えそうです。

女性にとってはゴールドアクセサリーとして取り入れやすいのはもちろん、メイクやネイルにもゴールドの光沢を取り入れると効果的です。アイシャドウに少しゴールドのラメを加える、ネイルにゴールドラインを引くなど、ほんのワンポイントでも「キラキラ感」がプラスされると、そのパワーがグッと高まります。ただし、輝きを消している「いぶし銀」などは、キラキラしたアクセサリーよりも運気を呼び込む力が弱いとされているので、できるだけ曇りのないアクセサリーを選んだり、常にピカピカの状態を保つようにこまめにお手入れしたりするのがおすすめです。

なお、アクセサリーを選ぶ上で大切なのは「自分自身がワクワクするかどうか」。たとえ値段が高くなくても、手に取った瞬間に心が弾むようなデザインや輝きを感じられるなら、それはあなたにとっての〝金運アイテム〟になり得るかもしれません。また、ゴールドやシルバーなどの金属は使っているうちに汚れやマイナスのエネルギーが溜まりがち。柔らかい布で磨いたり、月光浴や塩などで浄化して輝きをキープすれば、常にフレッシュな金運を取り込んでくれます。

010

背筋を伸ばす

日ごろ忙しい人でも、日常生活のなかで、たった数秒で金運をアップできる方法。それは、「背筋を伸ばすこと」です。

姿勢が良い状態は、良いエネルギーが入りやすく、運気の流れをスムーズにしてくれます。特に背骨は「気の通り道」とも言われ、運気をまっすぐ上昇させてくれる存在だと考えられています。背筋を伸ばし、顔を上げて胸を開くことで、あなたのなかに溜まっていた滞りや邪気が自然と解消され、良い運気をしっかりと循環させてくれるのです。

反対に、猫背ぎみの姿勢のままでは、肺や内臓を圧迫し、呼吸も浅くなりがちです。これは体内の運気の循環を妨げるだけでなく、運気の流入をせき止めてしまう原因にもなります。さらに不思議なことに、猫背になると「どうせ私はダメな人間なのだ」という自己否定の感情が湧きがちです。こうしたネガティブな思考が生まれることで、仕事や人間関係にも悪影響を与え、やがてはお金の流れにも影を落としてしまうのです。

もし背中が丸まっていると感じたら、胸を開き、ゆっくりと深呼吸してみましょう。鼻から息を吸い込み、口から静かに吐き出す。そのときに「胸から上へ運気が流れ込むイメージ」を持つと、よりエネルギーを取り込みやすくなります。デスクワークが多い方は、1時間に一度くらい椅子を離れて軽くストレッチをするなど、背筋をリセットする時間をつくってみてください。

また、鏡の前に立ち「自分の背筋はどうかな?」とチェックする習慣を持つのもおすすめです。もし猫背になっていたら、その瞬間に背筋をすっと伸ばすだけで気分が変わり、ポジティブな意識が生まれてくるもの。外見上の印象をアップさせるだけでなく、心の持ちようまで良い方向へと導いてくれるので、金運アップへの大きな一歩になるはずです。

011

観葉植物を置く

金運をアップさせるインテリアを取り入れるなら、まずやってほしいのが「観葉植物を取り入れる」ことです。

植物は、「木《もく》・火《か》・土《ど》・金《ごん》・水《すい》」の五行《ごぎょう》のなかで、唯一「生きている」ものです。ですから、室内にある植物が育つときに放つ〝良い気〟を浴びることで、住む人のエネルギーや運気は自然と高まっていきます。

実は同じ観葉植物でも、「お金が溜まりやすいもの」「仕事運をアップさせるもの」「臨時収入を呼び寄せるもの」など、それぞれに違った特徴があります。なかでも観葉植物初心者の方におすすめなのが、ポトスとパキラ、金のなる木の3種類です。

まず、ポトスの花言葉は「永遠の富」。その強い繁殖力と増える力から貯蓄運を上げるとされ、空気が淀みやすい部屋の隅に置くと気を浄化してくれます。

一方のパキラは、財を発する木、お金を生み出す木として、「発財樹」とも呼ばれています。上に向かってすくすく育つので仕事運もアップしてくれますし、丸みのある葉は人間関係にもプラスに働きます。

金のなる木、正式名称クラッスラ・ポルツラケアは、葉の形が硬貨に似ており、金運上昇にとても良い影響をもたらします。「一攫千金」「富」という花言葉を持ち、チャンスを摑みたいときに良い運気を招いてくれます。

観葉植物を取り入れる際には、お手入れも重要です。まず、葉っぱにホコリが溜まってしまうと〝邪気〟が溜まっているのと同じ状態になり、本来の運気アップ効果が半減してしまいます。葉のホコリは見つけ次第、拭き取りましょう。また、枯れた葉は、運気が死んでしまった状態なので、葉が枯れているのを見かけたら、すぐに取り除くように心がけてください。

012

生花を飾る

五行のなかで唯一の「生きているもの」である木＝植物。観葉植物のみならず、生花を室内に飾ることも、金運をアップする上で大切な習慣のひとつです。なぜなら、生花の持つ「生命力」こそが良い気を呼び込み、運気を高める鍵になるからです。造花にはない自然な生命力が、家のなかでよどんでいた気を浄化し、新鮮な空気を運んでくれると考えられています。

特に、家の顔とも言える玄関は、人だけでなく、運気も舞い込んでくる〝入り口〟です。だからこそ、玄関に生花を飾り、場のエネルギーを整えれば、そこから入ってくるあらゆる幸運をキャッチしやすくなります。

ただし、せっかく飾った生花が萎《しお》れたまま放置されてしまうと、逆に悪い気を呼び込んでしまうこともあるので要注意。こまめに水替えをしたり、傷んだ部分を取り除いたりすることで、その生花から発せられる良い気を絶やさないようにすることが肝心です。もし忙しくて手間をかけられないという方は、長持ちしやすい種類の花を選んだり、つぼみが多いものを選んだりして、少しずつ開花を楽しむのもいいでしょう。

飾る花の種類としては、金運アップの象徴となる黄色やクリーム色系の花を選びましょう。ひまわりや菜の花、ミモザなどはもちろん、黄色のバラやチューリップ、マーガレットなど、華やかな花を選ぶのもいいでしょう。

何より大切なのは「自分が見ていて心地良い」と感じる花を飾ること。美しい花を見るたびに心が和み、気持ちがパッと明るくなる――そのポジティブなエネルギーこそが、金運を含むさまざまな運気を呼び寄せる源です。花に意識を向けることで、自然と掃除や片づけにも気を配るようになり、家全体の気の流れが良くなるというメリットも期待できます。

013

季節の行事を楽しむ

季節ごとの行事を楽しむことは、実は金運アップにつながる大切なヒントでもあります。日本には、正月やひな祭り、七夕、お盆、秋祭りなど、四季折々の豊かな文化や伝統行事があります。これらの行事はただ集まって楽しむだけでなく、その季節に根ざした暦や方位、土地の神様などからエネルギーを受け取る意味があるとされています。

たとえば、ひな祭りなら女の子の健やかな成長を願い、七夕なら織姫と彦星のロマンチックな伝説を通じて願い事を託し、お盆なら先祖を敬い感謝を捧げる。これらの行事の背景には、自然や神々に感謝を捧げ、その恵みをいただくという深い祈りが込められています。日常が忙しくなると、つい季節の行事に興味を失いがちですが、こうした行事に目を向け、ほんの少しでも参加してみると、これまでとは違うエネルギーのめぐりが生まれます。

また、それぞれの行事には、「その日に、その場所で、その形をとって行う」ことに理由があります。日にちや場所にはそれぞれ固有のパワーが宿り、伝統的な行事は長い歴史のなかでその力を最大限に引き出す方法として育まれてきました。たとえば、神社やお寺の祭礼、地域のお祭りなども、昔から住民たちが土地の神様を讃《たた》え、祈りとともに踊りや食事を楽しむ文化があります。これは、ただ楽しんでいるように見えて、実はその土地に根づくエネルギーをありがたく受け取っている行為でもあるのです。

こうした季節行事を大切にし、そこに込められた意味を感じながら参加することで、私たち自身も自然や神様からのエネルギーをいただきやすくなります。そのエネルギーが日々の暮らしに活力を与え、「もっと頑張ろう」、「新しいことに挑戦してみよう」という前向きな気持ちを引き出し、金運のめぐりを良くしてくれるのです。

014

旬の食材を食べる

「旬の食材を食べる」という行為は、単に栄養価の高い食材を摂取するだけでなく、季節のエネルギーや流れをダイレクトに取り込む大切な習慣でもあります。運気を上げるためには、「タイミング」が非常に重要です。旬の食材には、その時期ならではのパワーが満ちており、それを体内に取り込むことで私たち自身のタイミングが合いやすくなります。そして、結果として金運を含むさまざまな運気が底上げされると考えられています。

たとえば、春先なら新鮮な山菜や若々しい野菜、夏にはみずみずしいトマトやきゅうり、魚介ではアユやハモ、秋はきのこやサンマ、冬には大根や白菜、ブリといった具合に、一年を通じて食卓を豊かに彩る旬の食材は数多く存在します。

なかでも野菜や果物は、その時期に適した栄養をたっぷりと蓄えているので、体が欲している成分を効率良く取り込むには最適です。身体の調子が整えば、おのずと心も軽やかになり、ポジティブなエネルギーを発揮しやすくなるでしょう。そこに「金運を高めたい」という意識をプラスすれば、行動力が増し、新たなチャンスや収入を増やすきっかけを掴みやすくなるかもしれません。

また、旬の食材には比較的お手ごろな価格で手に入るものが多いのも嬉しいポイントです。賢くお財布を守りながら、旬のパワーを得られるという、一石二鳥のメリットがあるのです。

しかも、季節ごとの旬の食材をまめにチェックしていると、自然と「次は何を食べようかな？」とワクワクした気持ちになり、日々の暮らしがちょっとした冒険心や好奇心で満たされます。この小さなワクワクこそが、新たなチャンスや豊かさを呼び込むためのエネルギーになっていくでしょう。

015

金運が上がる食材を口にする

身近な食べ物にも運気を引き寄せるパワーが秘められています。日ごろから意識的に金運をアップしてくれる食材を口にする行為は、運気に大きく影響を与えます。

特に、金運をアップさせる食べ物の特徴として挙げられるのが、「黄色いもの」「丸いもの」「甘いもの」です。オレンジやとうもろこし、梨など、黄色くて丸みがあって、甘みの多い食材は、見た目からして〝豊かさ〟を感じさせるものばかりです。

そのほか、金運アップの象徴的な食べ物は「卵」です。卵は、その丸い形や黄色い黄身が〝実り〟を意味し、「豊かさ」そのものを呼び込みやすいと言われています。なお、鶏肉も金回りを良くする食材として知られているので、もし金運が落ちているかも……と感じたときには、ランチなどで親子丼を選んでみるのもいいかもしれません。

さらに、うなぎも「金運招福」の意味を持っているので、金運アップには効果的な食材のひとつです。なにかご褒美や記念日などで外食するときは、思い切ってうなぎを食べるのもいいでしょう。

また、手軽に取り入れられる金運アップ食材が「ごま」です。ごまは健康運に加えて、運を切り開く効果があります。いつもの食事に、ごまを思いっ切り振りかけて食べることで、運気アップに加えて、栄養バランスも整って、健康にもプラスに働きます。

もちろん、運気アップを狙うあまりに同じものばかり食べ続けては、栄養バランスが偏ってしまいます。金運アップを狙った食材を中心にしながらも、同じく金運を上げてくれる旬の食材を積極的に取り入れ、金運と健康の双方を意識したポジティブな食卓づくりを、ぜひ楽しんでください。

016

チョコレートを食べる

もし「最近、金運が落ちているかも……」「お金が出ていくばかりで入ってこないな」と感じたら、まず食べてみてほしいのがチョコレートです。

実はチョコレートは、金運とは非常に縁が深い食べ物のひとつです。

チョコレートの原料であるカカオ豆は、その昔、マヤ文明ではお金の代わりに扱われていた歴史があったとも言われています。

さらに注目すべきは、チョコレートには「金毒《きんどく》」を浄化する働きがあるという説。金毒とは「お金につきまとい、持ち主の金運を荒らしてしまう悪い気」のことで、知らず知らずのうちに私たちに取り憑《つ》いて、豊かさを遠ざけてしまう存在です。しかし、チョコレートを少し口にするだけで、その金毒を流し去ってくれる効果が期待できるのです。

特におすすめなのが、カカオ成分の高い「ダークチョコレート」。カカオにはポリフェノールやテオブロミンといった成分が多く含まれ、抗酸化作用や神経の鎮静作用があるとされています。ストレスを抑えたり、心を安らかに保ってくれる効果があるので、結果的に「チャンスを見極める力」が増し、金運アップにつながる行動が取りやすくなるのかもしれません。

気分が落ち込んでいるときは、いつもよりちょっとだけ良質なチョコレートを日常に取り入れてみるのもいいでしょう。甘いものが苦手な方でも、カカオ成分が高いビターなものなら、意外と食べやすいかもしれません。

デスクの引き出しに忍ばせておいたり、休憩時間に一粒味わったりするだけでも、金毒を流す小さな〝浄化〟を習慣化できます。

食べるだけで実践できるという手軽さに加えて、美味しいチョコレートを食べることで、心が喜べば運気も上がります。ぜひ日ごろのおやつ習慣として、取り入れてみてください。

017

冷蔵庫に賞味期限切れの食べ物を入れない

金運と食べ物の関係を考える上で、盲点となりがちなのが「冷蔵庫」です。

キッチンには、かまどの神様やお稲荷様、大黒様など、金運にまつわる神様が多く宿っているので、キッチンの状態は金運に大きく影響します。そして、冷蔵庫は、私たちの生活を支える大切な食べ物を保管する場所であり、まさに「金運の蔵」とも言えます。だからこそ、冷蔵庫になにをどのように収納するかによって、運気の流れも大きく左右されるのです。

なかでも注意したいのが、賞味期限切れの食べ物を放置すること。「今は使えないもの」は、スピリチュアル的に見ると〝滞ったエネルギー〟を生み出します。その結果、食材が持つはずの良い波動を打ち消し、金運だけでなく健康運までも下げてしまうことがあるのです。せっかく良い食べ物を買いだめしていても、賞味期限や消費期限が切れたまま放置していれば、冷蔵庫のなかには悪い気が溜まり、金運アップどころか逆に下げてしまいます。

安いときにまとめ買いをすること自体は賢い行動とも言えますが、その後に必要なのは「いつまでに使い切るのか」をしっかり把握して、実際に使い切るというステップ。そうすることで、冷蔵庫の中身は常に回転し、フレッシュな状態を保ちやすくなります。

期限を過ぎてしまった食材は、味が落ちるだけでなく、場合によっては健康を害するリスクも高まります。運気を上げるには、まず自分自身が元気でいることが欠かせません。

また、「もったいないから……」というネガティブな気持ちから期限切れの食品を口にする行為も、金運を下げてしまいます。仮に食べられそうなものでも、思い切って処分するのがおすすめです。

018 冷蔵庫にマグネットを貼らない

冷蔵庫と金運に関連して注意してほしいのが、「冷蔵庫の扉にマグネットを貼らないこと」です。「え、そんなことで金運が下がるの？」と驚く方もいるかもしれませんが、このちょっとした行動が運気に大きな影響を与えてしまいます。

くり返しになりますが、冷蔵庫は「金運を溜め込む場所」です。溜め込んだ金運は、そこから循環していかなければ、無駄になってしまいます。ですから、扉にマグネットを貼ることは、その循環をせき止めることになります。

さらに、「すべてのドアは幸運の入り口」でもあります。一生のうちでもっとも開け閉めするドアが冷蔵庫の扉とも言われるほど、冷蔵庫は私たちの生活に密着した存在です。そのため、幸運が入ってくる大事な通り道に、メモやマグネットを貼ってしまうと、物理的にも視覚的にも通り道がふさがれてしまい、良い気が入りづらい環境を自らつくり出すことにもつながります。

運気を呼び込みたいのであれば、冷蔵庫の扉にはできるだけなにも貼らず、スッキリとさせるのがベストなのです。

とはいえ、メモや献立表を冷蔵庫に貼るのは便利で、日常生活には欠かせないという方もいるかもしれません。どうしてもメモや献立表を貼りたい場合は、冷蔵庫の横面などに貼ってみる。もしくは、粘着フックなどを使ったり、ホワイトボードやクリップボードなどを別途用意して、冷蔵庫の扉の前面をふさがないように配置するといいでしょう。

そうするだけでも、扉の前に溜まっていた邪気が流れやすくなり、冷蔵庫内部の気のめぐりが良くなります。

019 冷蔵庫は1か月に1回掃除する

冷蔵庫は、生活のなかで生命を支える食糧を保管する「小さな宝箱」のような存在です。この場所をきれいに保つかどうかで、家全体の金運エネルギーが大きく変わると言われています。

金運アップにおすすめなのは、月に一回「冷蔵庫の棚卸し」の日をつくること。冷蔵庫のなかの食材をすべてチェックし、賞味期限切れや要注意のものがあれば早めに使い切るか、処分する。そして、そのついでに棚や引き出しを拭き掃除することで、冷蔵庫内をリセットし、良い気を迎え入れる準備を整えます。

また、冷蔵庫のなかに汚れや液体のこぼれなどが残ったままだと、それは「邪気」として運気を下げる要因となります。冷蔵庫を清潔に保つことは、金運だけでなく全体的な開運の基本にもなります。「冷蔵庫に入っているものが、私のエネルギーになる」とイメージすると、改めて冷蔵庫の状態が自分の運気に与える影響の大きさを実感できるでしょう。

そして、整理する際は、まずは賞味期限切れの食べ物を徹底チェックして、合わないものは思い切って処分することから始めましょう。仕分けが終わったら、空っぽになったスペースをきれいに拭き掃除して、汚れや邪気のかけらをすべてリセットしてあげてください。汚れを拭き取るときには、「どんどん運気が上がっていくぞ」という思いを込めると、さらに効果的です。

毎回の冷蔵庫チェックを〝月次の開運行事〟にすることで、時間や手間はかかるかもしれません。でも、その作業を丁寧に行うことで「自分は豊かさを受け取る準備ができている」と心に刻むことができ、さらなる幸運を引き寄せる原動力になってくれます。

020

料理のときはエプロンをつける

料理をする際、あなたはエプロンをつけているでしょうか？　実はエプロンには、単に服の汚れを防ぐ以上に大切な〝役割〟があると考えられています。

キッチンは家族の健康や豊かさを育む神聖な場と言われます。そこを担う料理人が、正しい装備（＝エプロン）で火や水の気から守られてこそ、金運をはじめとする運気が循環しやすい環境が整うのです。

さらに、キッチンは「火」と「水」という真逆のエネルギーが渦巻く場。火はパワフルですが、場合によっては金運を燃やしてしまう力があり、水もまた浄化作用だけでなく、運気を流してしまう負の側面を持つとされます。そんな相反する気がぶつかり合う場所だからこそ、適切な〝防護〟が必要なのです。

エプロンを身につけると、火や水が放つ強いエネルギーと直接ぶつかるのを和らげる、いわば〝バリア〟のような働きをしてくれます。もしエプロンなしで調理を続けると、火と水の攻撃をまともに受けてしまい、結果的につくる料理にも不安定な気が入り込みやすいと言われています。それを家族みんなで食べれば、一緒に運気がダウンしてしまう可能性が高まる危険があります。

エプロンを一枚プラスすることで、見えない力から自分を守り、キッチンに漂うさまざまな気から良いエネルギーだけを取り込む手助けとなるのです。結果、料理に安定した気が宿りやすくなるため、食べる側の運気も引き上げる効果が期待できます。

では、どんなエプロンを選べばいいのでしょうか。無理に派手なものを選ぶ必要はありませんが、金運を意識したいなら、ほんの少し明るい色合いにすると運気を呼び寄せやすくなるかもしれません。また、エプロンを洗うときも「いつも美味しい料理をサポートしてくれてありがとう」と感謝の気持ちを込めると、より一層ポジティブな波動をまとわせることができるでしょう。

021
↓
026
【人間関係編】

021

人に親切にする効果

誰かに手を貸すことで「徳を積む」という表現が使われます。まさにその言葉の通り、人に親切にする行為は、大きなエネルギーを生み出し、その〝徳〟がめぐりめぐって豊かさを運んでくれるのです。

たとえば、周囲が嫌がる雑用を率先して引き受けたり、困っている人にさりげなく声をかけたりすると、意外なタイミングで〝恩返し〟のような出来事が起きたりします。それは必ずしも「お金を渡される」などの直接的な形ではありませんが、新しい縁が広がったり、チャンスをもらえたりと、さまざまな形で返ってくるものです。

一方で、他人への好意を出しおしみ、ケチってしまうと、周囲からの好意も減ってしまうものです。これは、お金に関しても同様です。「あれは使いたくない、これも出したくない」という意識が強くなると、出費を抑えられる半面、豊かさそのものまで遠ざける危険性があります。お金はエネルギーのひとつなので、気持ち良く循環させてこそ、その流れがスムーズに大きくなるからです。

親切にすることは、お金を使わない「投資」でもあります。見返りを求めるわけではなくても、続けていくうちに自然と信頼やチャンスを引き寄せ、結果として豊かさを手にする可能性が高まります。人間の心の奥深くには、「善行を行う人を応援したい」という本能的な感情が潜《ひそ》んでいますから、それが大きな循環となり、幸運を育む原動力になるでしょう。

もし「最近、金運がイマイチだな」と感じることがあれば、まずは小さな親切から始めてみてください。誰かが困っていれば一言かけてみる、後片づけを手伝う、ちょっとした差し入れをする――そんな些細な行動が、やがて大きなエネルギーとなり、あなたの周りにあたたかな波紋を広げてくれるはずです。

022

名前を呼ぶ

お金持ちになる人は、「○○さん」ときちんと相手の名前を呼ぶ傾向にあります。仮に自分のほうが上の立場であっても、「あなた」や「きみ」と呼びかけることはしません。

実は「相手の名前をちゃんと呼ぶ」という行為は、金運にはとても良い影響を与えます。

想像してみてください。もし、あなたが大切な人から心を込めて名前を呼ばれたなら、どんな気持ちが湧いてきますか?

嬉しい気持ち。あたたかい気持ち。親しみ。そんなポジティブな感情を抱くのではないでしょうか。

名前を呼ぶことは、心のなかで相手への感謝や思いやりを表現する行為でもあります。自分の名前を丁寧に呼ぶ人に対して、誰しも無意識にポジティブな印象を持つようになります。

名前は両親からの最初のプレゼントと呼ばれ、その人自身を表す存在です。きちんと相手の名前を呼ぶ行為は、相手の存在を尊重し、認める行為でもあります。結果、相手からポジティブなエネルギーを引き出し、自身の好感度もアップさせることができるのです。

運気は、周囲から好かれる人に集まっていくものです。名前を呼びかけることで、周囲との間に良い気のめぐりが生まれ、良い人間関係が築かれていく。その結果、自然と仕事がうまくいったり、チャンスが舞い込んだりするようになります。

日常の小さな習慣ではありますが、むしろ、こうした小さな習慣から金運が高まり、結果として豊かな人生を手に入れることができるのです。

023

「挨拶」で運気を上げる

普段、何気なく行っている挨拶。実はその習慣も、金運にとても大きな影響を与えています。

朝起きたとき、家を出るとき、帰宅したとき、そして人と会うとき。そんなとき「おはよう」「こんにちは」「お疲れ様」「ありがとう」など、自然に挨拶を交わします。この些細な一言が、実はあなたの周りに良いエネルギーを生み出しています。

「行ってきます」「ただいま」という言葉は、まさにその代表例です。家に誰もいなくても、大きな声で挨拶をするだけで、家のなかのエネルギーが活性化します。声かけを通じて、家が元気を取り戻すような感覚でしょうか。

このポジティブなエネルギーは、あなたを外へ送り出し、また帰ってきたときにも、良い気を引き寄せてくれます。人間は周囲とのかかわりのなかでエネルギーを交換し合うものですが、挨拶は、まさにそのエネルギー交換を行うひとつの大きな手段と言えるでしょう。

挨拶をすれば、良いエネルギーが循環し、人生にポジティブな変化が訪れ、金運もアップします。逆に、挨拶をしないと、人間関係のなかで運気の流れが滞ってしまいかねません。

さらに言えば、「自分自身に挨拶する」行為にも効果があります。鏡の前で自分に向かって「おはよう」と声をかけるだけでも、その日が素晴らしい一日になる予感がしませんか？　自分自身に肯定的なエネルギーを発信することが、金運を引き寄せる第一歩になります。どんなときも自分に対して、軽く声を出して挨拶することで、良いエネルギーが循環し、金運を引き寄せてくれるはずです。

024

苦手な人と接する時間を減らす

「この人は苦手だな」と思う人とは、一緒にいる時間を極力、減らしましょう。

運気は言葉や思考、そして人間関係を通じて流れてきます。自分が一緒にいてネガティブな気持ちになる人との接触は、良いエネルギーの流れを遮断する壁のようなもの。だからこそ、できるだけそのような人から距離を置くことが大切です。

また、自分が苦手意識を抱く人だけでなく、日ごろからネガティブな発言が多い人と過ごす時間も減らしたほうがいいでしょう。

常に愚痴をこぼす人、何かしらの不満を言い続ける人、そして何をしても満足しない人。こういった人たちと長く一緒にいると、自分までそのネガティブな感情に引き寄せられてしまいます。無意識のうちに、彼らの言葉やエネルギーが自分のなかに染み込んでいくからです。

さらに、何かをしてもらうことを当然のように求めてくる「クレクレ君」タイプの人にも注意が必要です。ギブ・アンド・テイクのテイクばかりを求める「テイカー」と呼ばれる人々です。時間やエネルギーを一方的に奪われれば、あなたの波動が下がり、金運が遠ざかってしまいます。

嫌な人と一緒にいて、気持ちが下がってしまったときは、ポジティブなエネルギーを持った人との接触を増やすと、金運はアップします。

なお、自分が一緒にいて楽しくなる人と一緒にいるときは、相手が喜ぶような話題を準備しましょう。人との会話は、運気を引き寄せる大きなチャンスです。ポジティブで楽しい話題を提供することで、相手から「また会いたい」と思われ、さらに良い運が流れてくるはずです。

025

つながりたいコミュニティには積極的に足を運ぶ

運は人と人のつながりを通じて訪れるものです。どんなコミュニティに参加し、どんな人たちとつながるかが、その人の人生に大きな影響を与えます。だからこそ、つながりたいコミュニティに積極的に足を運ぶことは、金運アップに大きな効果があります。ポジティブなエネルギーを持った人たちと多くの時間を過ごすことで、自分の気持ちは自然と前向きになり、良い運気を引き寄せやすくなります。金運アップには自分の努力だけでなく、大きな世界のなかで外側から運気を取り込むことが大切です。そのために積極的にポジティブな環境に身を置くことで、運気とエネルギーのめぐりを整えるのです。

そして、単に足を運ぶだけでなく、そこでどんなコミュニケーションを交わすかも非常に重要。自己紹介をしっかりとして、相手に自分の価値を伝えましょう。

また、そのコミュニティのメンバーに対して親切な行動を意識することも、金運を引き寄せるポイントです。他者を尊重し、あたたかな心を寄せることで、エネルギーの循環がスムーズになるからです。その心が伝わり、相手もあたたかな気持ちになってくれれば、そこにポジティブなエネルギーが生まれ、めぐりめぐって自分に戻ってきます。

とはいえ、見返りを一番の目的として求めるのではなく、素直な気持ちで行動することが、運気を呼び寄せる鍵になるでしょう。

まずは、日ごろからあなた自身が良いエネルギーを発信し、良い運気を引き寄せる行動を意識的に心がけてください。

そうすれば、あなたの周りに自然と良い人たちが集まり、ポジティブなコミュニティが生まれます。そのコミュニティで必要とされる人になればなるほど、良いエネルギーの循環が生まれ、金運も上昇していくはずです。

026

周囲の人にプレゼントをする

家族や友達、職場の同僚、さらにちょっとした知人や隣人まで。自分が日常的にかかわる人々にプレゼントの形で感謝の気持ちを表すことは、金運を引き寄せる強力な手段になります。

なぜなら、「他者に分け与える」という行為が、あなたを取り巻く世界のエネルギーの流れを良くするからです。お金もエネルギーの一部ですから、ポジティブなエネルギーを周囲に与えることで、お金が循環していきます。欲しがるばかりでなく、与えること。つまり、他者にプレゼントをすることが、めぐりめぐって自分の金運を引き上げる重要なステップとなるのです。

なにも高いものや珍しいものを、贈る必要はありません。プレゼントで大切なのは、「物の価値」ではなく「気持ち」です。どんな小さなものでも、心を込めて選び、渡すことで、その想いは相手に届きます。そして、その想いが運を引き寄せる力を持っているのです。

たとえば、職場でちょっとしたお菓子を配るだけでも、その効果は絶大です。お菓子を通して、「あなたを気にかけていますよ」と伝えることができ、相手の心もあたたかくなります。この「ありがとう」という感謝の気持ちを形にすることが、結果的にあなたの周りの人々との信頼関係を強め、その信頼が金運を呼び込んできます。

さらに、感謝の言葉とプレゼントを組み合わせることで、効果が倍増します。「いつもありがとう」といったポジティブな言葉は、良いエネルギーを引き寄せるための第一歩。そこに感謝の気持ちを込めたプレゼントを加えることで、金運はどんどん高まっていきます。

金運100
コラム
1

悪いことをすると、金運にも跳ね返る？

人との出会いは無限の可能性を秘めています。

しかし、なかには人の運気を奪ったり、自分本位な行動で周囲を振り回したりする厄介な人々もいます。こういった人々とかかわると、こちらが困難に陥ったり、ピンチになったり、もやもやした気持ちでまったく人生を楽しめない、そんな経験が誰しもあるのではないでしょうか。

人間関係がうまくいかないと重くネガティブな気持ちになりがちです。しかし、人を苦しめる人は、自分にも同じような苦しみが返ってくるものです。スカッとするような因果応報の話はテレビやYouTubeでもよく見かけますが、私が実際に見てきたなかでも、傲慢《ごうまん》な態度を取る人や人を困らせるばかりの人は、最初は良くても数年後にはピンチに陥るパターンが多いと感じます。

因果応報の法則は、どんなことにも当てはまります。良いことをすれば、それがめぐりめぐって自分に返ってきます。逆に、悪いことをすれば、必ずその報いを受けることになります。

人に嫌味を言った人は、いつか同じように嫌味を言われる経験をするでしょう。これは「エネルギーの交換（エクスチェンジの法則）」とも呼ばれます。

反対に、普段から良い行いを心がけていると、神様が見守ってくれますし、自然と良いことが起こるようになります。

普段の行いは誰も見ていなくても、神様は見ています。仮に短期的に優位に立ったとしても、長期的には報いを受けることになります。嫌な目にあったときは、「この人のようにならないようにしよう」と反面教師にしておきましょう。

金運を上げるために大切なのは、日頃の行動を見直し、周囲に良い影響を与えるように意識する習慣です。悪いものは極力自分のなかから追い出し、良い縁のなかで良い運気がめぐっていくよう、毎日を過ごしていきましょう！

027→030【お出かけ編】

027

バッグを直置きしない

知らず知らずにうちに金運を下げるのが、「バッグを床に置く」習慣です。

床は、汚れが溜まりやすい場所です。物理的な汚れだけではなく、エネルギー的な「汚れ」も溜まりがちです。そんな場所に、大切なバッグを直置きすることは、あなたの金運をよどませる大きな原因になります。

また、物の扱い方は、金運を大きく左右します。

自分ではその気がなくても、床にバッグを置くことで、「物を大切にしていない」という負のエネルギーが放たれてしまいます。

お金持ちの人たちは、自分の持ち物を非常に大切に扱いますが、それは物の価値に関係なく、自分の所有物を丁寧に取り扱う姿勢が、金運を引き寄せる重要な要素だと知っているからです。

さまざまな所有物のなかでも、常日ごろから持ち歩くバッグは、いわば自分の分身のようなもの。バッグを粗末に扱えば、自分自身を雑に扱っていることにもつながり、金運は離れていってしまいます。

最近、お金の回りが悪いと思ったときは、まず、日常生活のなかで自分のバッグを大切に扱う姿勢を心がけてみてください。

家に帰ったら、直置きせず、バッグハンガーに掛けるかクローゼットなどに収納する。外出先でも、椅子の上やテーブルの上に置く。もし、置く場所がない場合は、バッグフックや荷物入れのカゴを探すようにしましょう。

こうした「物を丁寧に扱う」姿勢は、周囲の人々に対しても良い印象を与えます。丁寧な人だと好印象を与えれば、そこから人間関係を通じた運気のめぐりも好転し、ますます金運アップにつながっていくことでしょう。

028

バッグの中身を整理する

バッグの中身を整理すること。これは、金運アップに欠かせない大切なステップです。

あなたのバッグは、中身がぐちゃぐちゃになっていないでしょうか？

お財布やスマホ、化粧品やペン、レシートや細かい紙類など、なにもかも一緒くたにして詰め込んで、どこになにがあるのかわからない状態になっていないでしょうか。

実は、この「バッグの中身の整理」が、金運に大きな影響を与えているのです。

バッグは「エネルギーを運ぶ役割」を持つアイテムでもあります。そのため、バッグのなかが散らかっていると、エネルギーも混乱し、金運や仕事運、恋愛運など、あらゆる運気が下がってしまうのです。金運を引き寄せるためには、まずそのエネルギーを整えることが大切です。

また、バッグの口はきちんと閉じることが、金運に良い影響を与えると言われています。バッグは貴重品を入れるものです。その口が開きっぱなしだと、良い運気も一緒に逃げてしまいます。ですから、できるだけファスナー付きのバッグやボタンでしっかりと閉じられるバッグを選びましょう。

ちなみに、トートバッグなどの場合は、貴重品はポケット部分に入れ、財布やスマホといった貴重品とそれ以外のものは別々に収納することをおすすめします。ポケットがないなら、別途ポーチやインナーバッグを用意し、分けて持つのもいいでしょう。

こうすることで、貴重品とそれ以外の荷物がごちゃ混ぜになることなく、エネルギーが整理され、良い運気が流れやすくなります。

029

温泉に入る

温泉は心身の健康に良い影響をもたらすことが広く知られていますが、スピリチュアルな視点から見ると、金運にも大きな影響を与える場所です。

なぜ温泉が金運をアップさせるのか。その秘密は温泉が持つ「気」にあります。

風水的には、温泉は「大地の気」が凝縮された場所と考えられています。山や川、海といった周囲の自然から土地の「気」を吸収し、そのエネルギーを温泉のなかに溶け込ませているからです。そのエネルギーを直接肌から吸収できるからこそ、温泉は金運アップに効果があるのです。

また、温泉には「金毒」を取り除く作用があるとされています。金毒は、お金にかかわる悪い気のことで、知らず知らずのうちに私たちの周りに忍び寄り、金運を食い荒らす存在です。この金毒を解毒することで、金運がアップします。

さらに、温泉は身体のみならず、心も癒やしてくれる場所です。日々の忙しい生活で心が疲れていると、良いエネルギーを受け入れることが難しくなります。温泉に浸かることで心がリラックスし、無駄なストレスが解消されると、金運を呼び込む準備が整います。リラックスした状態で温泉に浸かり、心と身体の両方が整ったとき、金運がすんなりと流れるようになります。

温泉旅行に出かける際には、良いエネルギーを吸収するイメージを持ちながら、入浴を楽しんでみてください。

030

アーシングする

みなさんは「アーシング」をご存じでしょうか？

アーシングとは、素足や素手で大地や海に触れ、地球のエネルギーとつながるという健康法の一種。自然がある場所なら、いつでもどこでもできるので、とても手軽に取り入れられるのが特徴です。

素足や素手で地面に触れることで、直接そのエネルギーを感じて取り入れる。

私たちは、日常生活のなかでストレスや環境の影響を受け、知らず知らずのうちに負のエネルギーを溜め込みがちです。しかし、地球の持つ強いエネルギーを取り込めば、私たちが日常生活で感じるストレスや疲れを解放し、心と身体を整えてくれます。

心身がリセットされた結果、アイデアや行動力なども生まれやすくなり、金運に結びつきます。

そして、アーシングは身体だけでなく、心にも良い影響を与えます。自然と触れ合うことで、心が落ち着き、ポジティブなエネルギーが満ちていくからです。その結果、周囲にも良いエネルギーを与え、良い人間関係が築けるようになります。こうした良好な人間関係が、仕事やビジネスにおいてもプラスの影響を与え、最終的に金運アップにつながっていくでしょう。

特に夏至の前後は、直感やインスピレーションが冴える時期でもあります。この時期にアーシングを行うことで、より一層、エネルギーの流れが活性化し、運気がアップします。

アーシングをすることで、これまで運が悪かったと感じていた人も、少しずつ良い方向に導かれていくはずです。

031→042

【お金にまつわる行動編】

031

小銭磨き

「小銭磨き」とはその名の通り、使っている小銭を丁寧に磨いて清めることです。この行為がなぜ金運アップに効果があるのか。それは、お金には「厄《やく》」がつきやすいからです。

私たちが使うお金は、日常的にたくさんの人の手に渡ります。そのため、お金には自然と多くの人々のエネルギーが入り込むことになります。そのなかには、ネガティブなエネルギーや厄も含まれていると考えられています。

お財布のお金が厄を抱えていると、お財布を使っている人の金運にも影響が出てしまいます。だからこそ、お金を清めることで、その厄を落とし、財布のなかに良いエネルギーを送り込む必要があるのです。
小銭磨きは、その良いエネルギーを取り入れる上で役に立つ、非常にシンプルで効果的な方法です。

やり方としては、重曹を入れたぬるま湯に数分間つけ込んでおいてから、柔らかい布などで磨き上げましょう。行うタイミングとして一番のおすすめは「巳《み》の日」。そのほか、自分が「金運を高めたい」「財運を上げたい」と感じる日や、金運にまつわる吉日などに行うと、効果がさらに高まります。

興味深いことに、たくさんの人がこの小銭磨きを行うと、世の中に流通するお金が一気に清まると言われています。これは、個人だけでなく、社会全体の金運がアップすることを意味します。
流通しているお金が清められれば、それが経済全体に良い影響を与えるので、景気が良くなったり、給料アップにもつながる。実は小銭磨きは、非常にパワフルな金運アップのアクションと言えるのです。

032

お札のお清め

「小銭磨き」に代表されるように、お金そのものを大切にすることは、金運を引き寄せる大きなアクションです。

お金には「気」が宿ると言われています。それは小銭だけでなく紙幣、つまり「お札」も例外ではありません。特に、長い間使われているお札や、汚れたお札には、ネガティブなエネルギーや不浄なものが蓄積されがちです。そうしたお札を保有することは、私たちの金運を下げる原因になります。

そこで、おすすめなのが「お札のお清め」です。お清めは、汚れたお札をリセットする効果があります。

お札についている余計なものを取り除き、クリーンなエネルギーを取り入れることで、お札が本来持っているエネルギーが活性化し、金運がアップするのです。

効果的なのが、古くから浄化や清めの力があるとされてきた「お水」や「粗塩」によるお清め。

方法は、とてもシンプルです。

お水を使ってお清めをする場合は、指先に少量のお水を取ります。そして、その指先でお札に少しずつお水を振りかけるようにして、パッパッと軽く振りまいていきます。お水はあくまで少量で十分です。使いすぎないように気をつけましょう。粗塩を使う場合も、同じように少量の粗塩を指でつまみ、パラパラとお札に振りかければOKです。

なお、1万円札のように高額なお札は、特別扱いをして特に丁寧にお清めをしてあげると、より強い金運を引き寄せてくれるはずです。

033

お財布を拭く

お財布は、私たちのお金を守る役目を果たす重要なアイテムです。

お財布がきれいで整っていると、自然とそのなかのお金も良いものに引き寄せられていきます。逆に、汚れたお財布や乱雑な状態で放置されたお金は、金運を逃がす原因になることがあります。ですから、お財布を拭いてきれいにすることは、金運アップにはとても大事なアクションです。お財布の状態をきれいに保つことで、まずはお金のエネルギーをクリアにし、金運の流れを良くできるのです。

では、お財布が喜ぶような、拭き方とはどんなものなのでしょうか。

まず、お財布の中身をすべて取り出し、中身をきれいに整えましょう。使っていないレシートやポイントカード、古いお札などが溜まっていることがよくありますが、すべて取り出して、不要なものは整理して捨てましょう。

お財布の中身が整ったら、次は「拭く」という作業に入ります。

柔らかい布や専用のクロスを使って、優しく丁寧に拭き上げましょう。汚れが取れると、自分自身も心地よく、なんとなくスッキリとした気分になれると思います。拭いた後は、なるべく清潔で落ち着ける場所にお財布を置くと、エネルギーがさらに高まります。

また、「お財布のお清め」も効果的です。お財布のなかに、粗塩を小分けにした袋をひとつ入れて一晩置きます。塩には強い浄化作用があり、お財布に溜まった「金毒」を取り除いてくれるのです。次の日、粗塩を取り出したら、きれいに整えたお金をお財布のなかに戻します。

なんとなく金運が停滞していると感じているなら、ぜひお財布のお手入れをしてみてください。

034

お財布のお札の向きを揃える

お財布の使い方にはいくつかのポイントがありますが、もっとも基本的で効果的なのは「お札を整えて、大切に扱うこと」です。これを意識するだけで、金運の流れが変わり始めます。


まず、気にしたいのが、お札の向きです。

お札をお財布に入れるときには、必ず上下を統一して揃えてください。これでお金がきちんと「整った状態」になり、運気もスムーズに流れるようになります。

逆に、お札がバラバラで無造作に入っていると、エネルギーが乱れて、金運の流れが滞ってしまうのでご注意を。

また、お札は上向きか下向きかで、効果が変わると言われています。

上向きにお札を入れると、「また戻ってきてほしい」という意図が込められます。これはたくさん入って、たくさん使う「循環するお財布」を目指す人におすすめです。

一方、下向きにお札を入れると、「お金が入りやすい財布」という意味になります。入ってきたお金を貯めておきたい貯蓄型の人は、下向きにお札を入れるといいでしょう。

なお、お札を喜ばせるためにお財布のなかに「香り」を取り入れるのも金運アップに効果的。特におすすめなのは「伽羅《きゃら》」という香りです。伽羅は高貴な香りで、昔からお金が集まる場所に使われてきました。

お財布にこの香りを加えることで、お札が集まる空間を作り出すことができるのです。

035

種銭をお財布に入れて持ち歩く

お金は、それ自体が金運を呼び込む大切な「エネルギーの箱」です。ですから、お財布に入れるお金の一つ一つが、実は金運を左右します。

そのなかで、注目すべきなのが「種銭《たねぜに》」です。


種銭とは、金運を引き寄せるための「お金の種」のこと。つまり、これをお財布に入れておくことで、金運をどんどん育てていくことができます。

種銭にするのは、縁起の良いアルファベットや数字（記番号）が印刷されたお札がおすすめです。では、どんな数字や文字がついたものがよいのでしょうか。

まず一つ目が、並びが「9Z」のもの。最大の数字である9とアルファベットの最後の文字であるZが強力な組み合わせとなり、お金を引き寄せてくれます。

続いておすすめが、「5Z」「5Y」「5X」です。「5」はほかのお札を呼び込む効果があるので、とても良い組み合わせです。

また、同じ数字の並びのものも良いでしょう。「666」「333」など数字はなんでも構いません。同じ並びが多いほど縁起が良いと言われます。万が一、すべてが同じ並びだった場合は、かなりのパワーアイテムになると言えるでしょう。最後に「3」「5」「8」の数字がすべて入っているお札もとても縁起が良いです。順番は「853」でも「538」でも、順不同で構いません。見つけたら種銭としてお財布のなかに大事に取っておいてください。

なお、種銭とするお札は一万円札がベストです。千円札、五千円札でも効果はありますが、お金のなかでも一番格が高い一万円札を種銭にするほうが相乗効果が生まれ、強いパワーを発揮してくれます。

036

ポイントカードをお財布と別に持ち歩く

金運を上げたいなら、お財布のなかに、ポイントカードを溜め込むのは避けましょう。

お財布のなかは現金のほか、最低限のキャッシュカード、クレジットカードなどお金を動かすためのものだけを入れることが、金運には効果があります。「最低限」としたのは、プラスチックは五行では「火」にあたるので、紙であるお札を燃やしてしまいかねないからです。

さて、ポイントカードは、買い物をするたびにポイントが貯まるという便利なものですが、基本は「消費のためのツール」です。お財布に入れておくと、消費を促すエネルギーが強くなり、「お金が外に出ていく」流れが強くなってしまいます。

この状態を避けるため、ポイントカードはお財布とは別の場所に保管することをおすすめします。

ポイントカードは財布には入れないと決めて、小さなカードケースやポーチを使って、ポイントカードだけをまとめて入れておく。あるいは、デジタル化が進んだ昨今では、実物のポイントカードは捨て、すべてアプリなどに集約してしまうことで、ポイントカード自体を持ち歩かないという選択もあるのではないでしょうか。

お財布は「お金を入れる場所」、ポイントカードは「消費を管理する場所」として、きちんと分けることで、エネルギーの流れが整理されます。

お財布はお金を集め、保管する場所です。だからこそ、お金がとどまりたくなるような環境を保っておくことが大切です。

037

お財布をポンポンとたたく

お財布の中身を整理した後に、優しくポンポンとたたく。

実はこの簡単なアクションが、金運アップにはとても効果的です。本書でも何度か触れましたが、お財布はお金を引き寄せる「器」であり、そのなかには金運が眠っていると言われています。

その金運を呼び覚ますために、お財布をポンポンとたたくという動作が欠かせないのです。

お財布をポンポンとたたくことで、お財布に蓄積された眠っていた「気」がリフレッシュします。そして、お財布自体にポジティブなエネルギーを送り込むことができるのです。

なお、お財布をたたくときは、お財布をやさしく起こすイメージでたたいてください。すると、金運が目覚め、お財布のなかのエネルギーが活性化されていきます。

注意したいのは、あまり強くたたきすぎないようにすること。それでは、せっかくのエネルギーも逃げ出してしまいます。ポイントは優しく、軽く、リズム良くたたくこと。眠っているお金のエネルギーを、そっと優しく起こすような感覚で穏やかに行いましょう。

この「お財布ポンポン」は、「お金に対する感謝」の気持ちを表す行動でもあります。もちろん普段から感謝することも大事ですが、実際にお財布をポンポンたたくことで、その感謝の気持ちをさらに強化できます。

ポンポンとたたいた後は、お財布を丁寧にしまい、お金に感謝の気持ちを持って過ごす。すると、金運がどんどん引き寄せられていきます。

038

お金を使うときに「いってらっしゃい」

買い物をしてお金を払う瞬間、多くの人は「早く支払いが終わらないかな」とか、「またお金が減ったな」とネガティブな気持ちを抱きがちです。

しかし、支払うときにこそ、感謝の気持ちやポジティブなエネルギーを込めて、「いってらっしゃい」とお金を送り出せば、金運がぐっとアップすることをご存じでしょうか。

私たち人間も「いってらっしゃい」と気持ち良く送り出されると、「またこの場所に帰ってきたい」と無意識のうちに思うものです。それは、お金も一緒です。

ですから、私たちがお金を使うとき、「いってらっしゃい」と気持ち良く送り出すと、お金もその気持ちを受けて、「この人のところにまた帰ってこよう」という気持ちが生まれやすくなるのです。

買い物の支払いをするとき、無表情でお金を渡すのではなく、笑顔で「いってらっしゃい」と心のなかでつぶやいてみてください。もちろん、少し恥ずかしいかもしれませんが、声に出して言ってもOKです。ポジティブな気持ちを込めて送り出すことで、お金が幸せなエネルギーをまとって再び自分のもとに戻ってくる流れが生まれます。

また、買い物の際に「お金があるからこそ、必要なものが手に入るんだ」とお金に対する感謝を持っていると、次にお金を使うときにもポジティブなエネルギーが流れます。

金運アップには「循環」が重要だと言われていますが、気持ち良く、感謝の気持ちを持ってお金を送り出すことで、そのサイクルが回り始めるのです。ぜひ、お金への声かけを試してみてください。

039

もらったお釣りに「おかえり」と声をかける

普段、買い物をしてお釣りをもらうとき、あなたはどんな気持ちで受け取っていますか？　もらったお釣りは、何気なくお財布に入れたり、そのままポケットにしまったりしているかもしれません。しかし、次からはお釣りに対して「おかえり」と声をかけてみてください。

お金を払うときに「いってらっしゃい」と声をかけるのと同様に、戻ってきたお金に対して「おかえり」と声をかけるのは、お金に対する感謝と尊重の気持ちの表れです。

お金に対して「無事に戻ってきてくれてありがとう」という感謝を込めて「お

かえり」と声をかけ、あたたかく迎え入れることで、さらに良い循環を生み出し、金運が上がっていきます。

逆に、お金に対して無関心であったり、投げやりな態度でお金を扱っていると、お金に嫌われて、金運が落ちていく原因になります。

また、自分のもとに戻ってきたときに、お金がリラックスして安らげる場所であることも大切です。大切なお客様を迎え入れるとき、誰しも家を整理整頓するはずです。だからこそ、お財布の中身も日ごろからきれいに整理整頓して、居心地の良い場所としてお金を迎え入れる準備をすることが大切なのです。

毎回は大変……と思うかもしれませんが、習慣にしてしまえば、すぐに慣れていきます。なにより大切なのは、「おかえり」という言葉だけではなく、お金に感謝し、尊重する気持ちを持つこと。それが、金運を引き寄せる秘訣です。

これはすぐに実践できる習慣ですから、次の買い物のときに、さっそく試してみてください。

040

満月の日にお財布フリフリ

満月は古くから神秘的なエネルギーを持つとされ、月光浴はそのパワーを吸収できる絶好の機会だと言われています。

実際に、クレオパトラが美しさを保つために月光浴をしていたという話も残っているほど、月の光には特別な力が宿っています。そんな満月を活用して、私たちの金運もアップさせる方法があります。

それが、毎月一回の満月時に行う「お財布フリフリ」です。

ステップは簡単です。

まず、中身を取り出して空にしたお財布を手に取って外に出ます。そして、満月に向かってお財布を軽くふりながら、お財布に対する感謝の気持ちを伝えます。

「今月も臨時収入をありがとうございます！」「今月も無事に過ごせてありがとう！」など、あなたが感謝していることを心を込めて言葉に出してみてください。感謝の気持ちを伝えることで、お財布に蓄えられているエネルギーが活性化し、金運がどんどん引き寄せられるのです。

その後、「素晴らしい金運が引き寄せられています！」「お財布にたくさんの幸運が舞い込んできました」と、自分が望む未来を言葉にしてお財布にお願いしてみましょう。お願いすることで、宇宙に向けて自分の意図を発信し、そのエネルギーを受け取る準備が整うのです。

最後に大切なのは、このアクションを行った後のお財布の取り扱いです。フリフリした後は、お財布を大切にしまってください。感謝と願いを込めたお財布は、あなたの手元でしっかりと金運を守ってくれます。

ちなみに、満月の日ならば、雲がかかって月が見えない日でも月光浴やお財布フリフリの効果はありますので、月一回、実践してみてください。

041

本当にほしいものだけを買う

物を買うとき、「本当はこれがほしい」と思っていても、「安いから」「ほかの人が持っているから」といった理由で別のものを購入することがあります。しかし、金運や運気を上げるためには、ほしいものだけを買うことがとても大切です。「物を買う」という行為にはエネルギーがともないますし、「選択」「支払い」「所有」など、さまざまな形で自分に影響を与えます。

もし、あなたが本当はほしくないものを「なんとなく」とか「安いから」といった理由で購入した場合、そのエネルギーはネガティブなものに変わってしまいます。その結果、せっかく買った物自体もあなたにとってあまり価値のないものになりがちです。

ネガティブなエネルギーを放つものに対しては、人間はすぐに飽きてしまうので、物を大切に扱わなくなり、金運が下がってしまうのです。だからこそ、日ごろの買い物で大事なのは「本当にほしいものだけを買う」という習慣です。

あなたが価値を理解し、大切にしようと思うものだけにお金を払いましょう。たとえば、あなたが心から「これがほしい！」と思っているお財布やバッグを手に入れたとき、買ったものに対する感謝の気持ちが湧き、自然と大切に扱うようになります。大切にすればするほど、物は良いエネルギーを発し、あなたの周りの環境を豊かに整えてくれます。そして、物自体が発する良いエネルギーが金運を呼び寄せてくれるのです。

実際、多少高いものでも、本当に気に入ったもののほうが長く使い続けるので、長い目で見ればそちらのほうが物持ちは良いはず。

だからこそ、自分の心が「本当にほしい」と思うものだけを選ぶように、日々、心がけてください。

042

流行の店や人気店でお釣りをもらう

いつも常連客が途絶えない人気店や、長い行列ができている話題の繁盛店。そんな店に行ったら、ぜひ電子マネーではなく、現金で支払いをしてください。なぜなら、人気のある店でお釣りをもらうこと自体が、金運アップにつながるからです。

人気の店や話題の店は、人やお金が集まっているので、金運や人気運が高まっています。多くの人が好意的な気持ちを持って訪れることで活気に満ちており、そこからもらうお金は良いエネルギーをまとっています。

逆に、あまり人がいない店や金運が低い場所でお釣りをもらうと、どうしてもそのお金に負のエネルギーが宿りやすくなります。ですから、金運を保ちたいなら、なるべく活気があったり、運気や品の良い店で買い物をすることが大切です。

そして、お釣りを受け取る瞬間には「ありがとうございます」「これからも繁盛してくださいね」と、心のなかで店に対する感謝の気持ちを込めるのも忘れずに。感謝の気持ちを込めて受け取るお釣りは、さらに金運を引き寄せやすくなります。

また、お釣りをもらった後は、お財布にすぐにしまうのではなく、一度お財布の中身を整理して、お札や小銭をきれいに整えましょう。お財布が整理されていると、良いエネルギーが循環しやすくなります。

もし、お釣りをもらったときに「なんとなくこのお釣りは苦手……」と感じた場合は、お金をそのまま使うのではなく、一度自分の手で浄化することをおすすめします。お札を軽く手でたたいて「おかえりなさい」と声をかけてみてください。お金の負のエネルギーをリセットし、整った状態でお財布にしまうことも、金運アップには欠かせない習慣です。

金運100
コラム
2

レシートは金運を下げる？

お財布の中身を整理しないと、気づかぬうちにレシートがたくさん溜まっていき、気づけばお財布が膨らんでいる……といった事態も起こりがちです。

しかし、この習慣、実は金運には悪影響があります。

レシートは「出費の記録」です。お金を使った証拠をお財布に入れておくのは、お財布のなかに「支出のエネルギー」を閉じ込めるのと同じこと。結果、お金が出ていく方向へとエネルギーが強く働きます。

簡単に言えば、「お金を出すことに意識が向かってしまう」状態になってしまうのです。

まずは、「その日使ったお金の記録は、その日のうちに取り出して整理する」という習慣をつけることが大切です。買い物をしたら、すぐにレシートをお財布から取り出し、必要なものと不要なものに分けておきましょう。不要なものはそのまま捨てて、必要なものは家計簿に記入するなり、別の場所に保管してください。

お財布には2日以上、レシートを入れっぱなしにしないように心がけましょう。その日のうちに整理することで、お財布がスッキリとした状態を保ち、良いエネルギーを引き寄せやすくなります。


また、レシートを整理することで金銭感覚が養われます。毎日の支出を確認し、どこにお金を使っているのかを意識することで、自分の消費傾向や無駄遣いを把握しやすくなります。

金運アップにつながると同時に、将来的にお金を賢く使う力が身につくという効果もあるので、ぜひ実践してみてください。

043→049【スマホ編】

043

スマホのお清めをする

現代人の生活に欠かせない存在となったスマホ。私たちの手元に常にあるこの小さなデバイスが、実は金運や情報運、そして人間関係の運気に大きな影響を与えています。

スマホは、日々たくさんの情報をやり取りし、ときに買い物の支払いも行い、ときに多くの人との交流を可能にするツールです。ですから、常にスマホの状態が「きれい」で運気の流れが整っていることが大切です。

もし、スマホに邪気が溜まってしまうと、その周辺の運気が下がり、金運やチャンスを逃すことになります。

では、スマホのお清めは、どうやってするべきでしょうか。

まず、スマホの電源を切りましょう。電源が入っていると、外部から連絡や情報が舞い込み、スマホに悪いエネルギーが入り込む危険があるからです。

次に、粗塩を使った方法を試してみてください。粗塩には浄化の力があり、悪いエネルギーや邪気を払い、良いエネルギーを呼び込む力があります。まず、ティッシュやキッチンペーパーに少量の粗塩を包み、電源を切ったスマホの上に置いておきます。このとき、塩にスマホが直接触れないようにするのがポイントです。

そして、できればそのまま一晩置いておくと、より効果的です。

粗塩が邪気を吸い取ってくれるので、翌朝にはスマホが浄化され、運気が整っているはずです。この方法は、パソコンにも同様に使うことができます。毎日使うツールなので、定期的にお清めをすることが大切です。そうすることで、日常的にポジティブなエネルギーを受け取ることができます。

044

スマホの画面を拭く

スマホの画面は、皮脂や指紋などの汚れがつきがちです。そして、この汚れを放置すると、金運にかなり悪い影響を与えます。

スマホの画面には、私たちが日々多くの情報を受け取ったり、触れることで、自然と多くのエネルギーが溜まっていきます。たくさんの情報が集まるからこそ、そのなかには良いものも悪いものもあり、雑多なエネルギーが混在しやすくなってしまいます。このようにエネルギーが「乱れた状態」が、運気に悪い影響を与えます。

また、スマホには多くの決済システムが搭載されているので、お財布と同じような存在でもあります。つまり、スマホの画面は、お財布のがま口のようなものです。その大切な入り口が汚れていては、当然、運気も滞ります。

だからこそ、画面をきれいに拭いて清潔に保つことで、スマホに溜まった邪気を取り除き、エネルギーをリセットすべきなのです。

拭く方法は、ごく簡単です。優しく専用のクリーニングクロスやマイクロファイバーの布でそっと拭いてあげるだけでＯＫ。

このとき、なにより大切なのが「ありがとう」と感謝の気持ちを込めて拭くことです。スマホは私たちの生活をサポートしてくれる大切なツールですから、その存在に感謝の気持ちを伝えることが、金運を引き寄せるために欠かせません。

ちなみに、スマホの画面を拭くタイミングは、いつでも問題ありません。

仕事が終わった後や、寝る前などのちょっとした時間に、ささっとスマホをお手入れしてあげる。それだけで、スマホも金運アップの重要なアイテムとして私たちを助けてくれます。

045

買い物アプリをホーム画面に置かない

現代の生活に欠かせない存在となったネットショッピング。スマホ画面を開いてみると、無数の買い物アプリが並んでいる……という人も多いでしょう。買い物アプリ自体を使うことには問題はありません。ですが、買い物アプリは、スマホのホーム画面には置かないことが肝心です。

金運アップを目指すなら、買い物アプリは、できるだけ目に触れない画面に置くのがベストです。スマホの画面で一番目につく位置にアプリを配置していると、それが無意識に「散財」を誘ってしまうからです。

逆に目に見えるところに買い物アプリを置くと、「買いたい！」という気持ちが無意識に強くなり、必要以上にお金を使ってしまうことが多くなってしまいます。

むしろ、スマホを開いたときにまず目に入るのは、お金に関するポジティブなメッセージが望ましいです。たとえば、「金運アップ」と名前のつけられたアプリをトップに置いておくのもひとつの方法です。「金運アップ」という文字を常に目にすることで、お金に対するポジティブな意識が身についていきます。そして、そうすることでスマホ自体に流れていたエネルギーも、「散財」の方向から「節約や貯蓄」に向けたものへと変わっていきます。この流れが、ひいてはお金が貯まりやすい体質へと導いてくれます。

ほんのちょっとの変化で、金運は変わるもの。だからこそ、スマホアプリの配置を見直すことで、その流れを変えてみてください。

046

不要なメールや画像を削除する

スマホやパソコンを使っていると、アプリや写真、メール、メモなど、気づけば不要なデータが増えていきます。そして、これら不要なデータの蓄積が、金運に悪影響を与えてしまいます。

もし、今の生活になんとなく「重さ」を感じていたり、物事がうまくいかないと感じたりすることがあれば、ぜひデバイスの整理から始めてみてください。

不要なデータが溜まれば、当然、スマホやパソコンの処理速度も遅くなります。また、情報過多になれば、情報の受け手である私たち自身も、整理できずに混乱してしまいます。そんな無駄な情報が無意識のうちに「重荷」となり、私たちの活動やエネルギーを滞らせます。それが、金運の流れも阻害してしまうのです。

ですから、不要なデータは定期的にどんどん削除していきましょう。

パソコンやスマホに入っている不要なアプリやファイル、メールなどを整理し、削除すれば、エネルギーはスムーズに流れ始めます。そして、金運も良い方向に向かいます。


また、不要なデータが増えすぎると、新しいものを受け入れる余地がなくなります。良い情報やチャンスがめぐってきても、それに気づかなかったり、受け入れることができなくなってしまうのです。

いらないデータを手放すことで、必要なものを引き寄せるスペースや余裕を常に確保しておくことが大切です。

無駄なものを手放し、必要なもの、ポジティブなものだけを受け入れる。そうすることでエネルギーがクリアになり、より良い運気も集まります。心もデバイスも整理整頓して、スムーズに運気をめぐらせていきましょう。

047

運気が上がる待ち受けにする

あなたは、一日に何回スマホの画面を確認するでしょうか？

多くの人が一日に何十回も目にするスマホの待ち受け画面は、私たちの思考や行動に強い影響を与えています。

だからこそ、なにをスマホ画面にするかは、非常に重要です。金運をアップしたいならば、自分の憧れや理想、夢につながるような待ち受け画面にすることが一番です。

たとえば、もしあなたが「家を買いたい」と思うなら、自分が理想とするような家の写真を待ち受け画面にしましょう。一日に何度も目にすることで、イメージが潜在意識に深く刷り込まれていきます。そして、その憧れのイメージが現実になるように、自分自身が無意識のうちに行動するようになります。

もし、すぐにイメージが湧かない場合は、白蛇や龍、鳳凰《ほうおう》、弁財天様など、金運アップの象徴的な画像を使うのもおすすめです。これらのシンボルは、金運や成功を引き寄せると信じられています。

ちなみに、私がよくプレゼントしている金運アップの壁紙は、金色がバックの白い昇り龍です。毎日何十回も白い龍が天に昇っていくイメージを目にすることで、自然と気持ちが引き締まり、金運にも好影響を与えます。


自分自身を高めるという意味では、高い山や塔の画像も良いでしょう。これらの画像には「高みを目指す」、「努力を重ねる」という意味が込められており、目標に向かって進んでいく力を与えてくれます。

見るたびに、自分が前向きな気持ちが湧き上がるような待ち受け画面に設定すれば、具体的な行動に結びつき、金運も人生も開けていくはずです。

048

スマホの色の選び方

金運アップを意識するなら、スマホの色選びも重要です。色にはそれぞれ特有のエネルギーがあり、運気に影響を与えます。

では、金運を意識するなら、どんな色のスマホがいいのか、ご紹介していきます。

まず「黒」は、守りの金運カラーで、現状を守る力に優れた色です。お金を貯めたい人や、すでに金運が安定している人におすすめです。ただし、黒は邪気を引き寄せることもあるため、小まめにスマホを浄化することが重要です。

続いて「白」は、浄化のカラーです。

白は不運やトラブルを浄化し、臨時出費を防ぐ助けとなる色です。特に「予想外の出費が多い」という人にはぴったりです。

紺色や水色を含む「青」は、信頼と冷静さのカラーです。特に仕事運と相性が良いので、スマホを仕事で頻繁に使う方には最適です。

そして「赤」は、新時代のラッキーカラーです。

従来は「赤字」を連想するため金運には不向きとされてきた赤ですが、2024年から始まった風水の「9運」では、赤はむしろ象徴的なカラーになります。特に30代以降の女性が「好きなことで輝く」運気を得やすく、情熱的に生きたい方にはおすすめです。

ちなみに、「スマホを買い替える予定がない」という場合でも、スマホケースの色を工夫することで同様の効果が得られます。

好きな金運カラーのケースを選び、日々手に取るたびに良いエネルギーを感じられるように意識してください。

049

スマホケースに金運アップアイテムを入れておく

毎日持ち歩くスマホのケースには、ぜひ金運アップのアイテムを入れておいてください。まず、おすすめしたいのは「お守りを入れる」こと。最近は、スマホケースに入れるのにぴったりなカード型やシール型のお守りもたくさん用意されており、神社やお寺で購入できます。また、スマホリング型のお守りも人気です。金運を直接引き寄せるものや、金運アップにつながる仕事運や縁結びの効果があるお守りなど、目的に合わせて選んでみてください。

続いては、「護符を忍ばせる」というもの。お守りに似ていますが、特定の願望にフォーカスした「護符」をスマホケースに入れるのもおすすめです。金運上昇を願う護符を選び、スマホケースに入れるか貼っておくことで、金運をサポートしてくれるでしょう。

自分が大切にしている信念や願いを書いた紙を護符として使うのも効果的です。「毎日感謝」「お金に感謝して使う」など、金運アップにつながる思いや願いを紙にしたため、ケースに入れておくのもいいでしょう。

そのほか、「憧れの人の名刺」もひとつのアイテムです。その人の持つエネルギーや運気がスマホを通じて自分に伝わり、「こんな人になりたい」と思う未来へ近づけてくれるのです。

最後に、スマホケースやストラップに「鈴」をつけるのも効果的です。鈴の音には邪気を祓い、神様を呼び寄せる効果があります。スマホは多くの情報を吸収するため、邪気が溜まりやすい場所でもあります。そこで、鈴をつけておくと、揺れるたびに「チリンチリン」という音で自然と浄化をしてくれるのです。日常生活のなかで邪気が溜まりがちなスマホだけに、常にその悪い気を祓《はら》っておく必要があります。

050→070【お掃除・お片づけ編】

050

窓を開ける

自宅で誰でも簡単にできる金運アップアクションは、ずばり「窓を開ける」ことです。

風水では、室内の空気が淀むと邪気が溜まり、運気の停滞を招くと考えられています。定期的な換気によって古い気を外に出し、新しい気を取り入れることで、家のなかに良い運気がめぐり始めます。

特に朝一番の換気は効果的です。窓を開けることで、一日の始まりならではの新鮮なエネルギーを家に取り込むことができるのです。

また、日光には強い浄化の力があり、室内に光を差し込ませることで邪気を祓い、空間を清めてくれます。だからこそ、毎朝、窓を開けて日光を取り入れるだけで、簡単に部屋を浄化できるのです。

窓を開ける際には、以下の点に注意するとより効果的です。

まず、時間帯は、朝の5時から7時がおすすめです。太陽の力が強いこの時間帯に窓を開けると、特に強いエネルギーを取り込むことができます。

そして、窓を開けた際は換気も忘れずに。定期的な換気によって、常に新鮮な気が室内にめぐれば、良い運気も流れ始めます。

また、窓周りの整理整頓も日ごろから意識しましょう。窓は良い気を呼び込むためには欠かせない「入り口」です。だからこそ、窓の周りを清潔に保つことで、良い気の流れを妨げないことが肝心なのです。

ちなみに、外からの騒音やホコリが気になる場合は注意が必要です。無理に窓を開けっぱなしにすると、ネガティブな音やホコリで部屋のエネルギーも淀んでしまいます。その場合、窓は開けっぱなしにせず、換気程度でとどめておきましょう。

051

トイレ掃除の重要性

トイレは、家のなかで厄を落とす場所だと考えられています。そのため、汚れや邪気が溜まりやすいので、定期的な掃除で厄を祓い、気を整えることで、金運が向上します。

ただ、トイレは意外と汚れが残りやすいもの。「私は普段からトイレはきれいに掃除をしている！」という人でも、盲点となるのが「天井」や「壁」です。トイレの壁や天井には、見えない汚れやホコリが溜まりやすいので、気づかぬうちに汚れているもの。日ごろから、雑巾や除菌シートで汚れやホコリを拭き取り、清潔に保つことで、金運がアップします。

掃除後の注意事項は、トイレのふたを開けっぱなしにしないこと。トイレのふたは、開けっぱなしにすると金運が下がると言われています。その理由は、ふたをしないことで、便器に落とした厄がトイレの室内に流れ出てしまうためです。

厄を呼び込まないためにも、しっかり便座のふたは閉じておきましょう。

そのほか、トイレで注意したいのが、トイレの前に鏡を置かないことです。鏡には、邪気を吸収して増幅させる作用があります。

厄落としの場であるトイレが鏡に映った状態は、トイレから出てくる邪気を増幅し、運気ダウンをもたらします。さらに、トイレの前に鏡があると自分が用を足している姿が鏡に映ることになり、健康運にも悪い影響を与えます。

もしも、身だしなみチェックのために鏡を置く場合は、鏡にトイレや用を足している自分が映らない場所に置くこと。ぜひ、家のトイレをチェックしてみてください。

052

トイレでやってはいけないこと

トイレでうっかりやっている行動が、実は金運を下げる原因となっていることもあります。どんな行動が金運を下げてしまうのでしょうか。

一つ目は、「トイレでＴｏＤｏリストを作成する」ことです。厄を落とす場であるトイレは、長時間滞在すると厄を受け取りがちです。特に、トイレ内で「今日はこれをしよう」とＴｏＤｏリストを考えていると、滞在時間が延びる傾向があります。すると、知らず知らずのうちに悪い気を吸収し、金運や健康運の低下を招きます。

続いてＮＧなのが、「トイレでゲームをする」ことです。

スマホの普及により、トイレでゲームをする人が増えています。しかし、これも長時間の滞在を招き、悪い気を受ける原因になります。スマホは人間関係運や金運にかかわるツールなので、トイレでの使用はそれらの低下を引き起こします。居心地が良くても、用を済ませたら速やかに退出するよう心がけましょう。

また、「ホコリや髪の毛を流さない」のも重要です。トイレは排泄物を流す場所であり、それ以外のものを流すと神様が嫌がります。これが日常的に続くと、トイレに悪い気が溜まり、運気の低下を招く可能性があります。掃除後のゴミはゴミ箱に捨てるようにしましょう。

そして、「トイレに物をたくさん置く」のも避けたいところ。特に、本や雑誌などの紙類や布製品は、悪い気を吸収しやすいのです。これらをトイレに置くことで、邪気がトイレにますます溜まっていきます。

最後に、意外とやりがちなのが「トイレで歌う」こと。私自身も子どものころ、30分近くトイレで歌っていて、親に怒られたことがあります。個室なのでつい開放的な気持ちになりますが、運気的には悪影響があるのでご注意を。

053

玄関を掃除する

玄関は家の「顔」であり、運気の出入り口です。その玄関を掃除することで、良い運気を招き入れることができます。

まず、玄関は外からの砂やホコリ、抜け毛などが溜まりやすい場所です。部屋の汚れは邪気を吸収し、放置すると運気を下げる原因となります。それゆえ、日常的に玄関を掃き清め、清潔な状態を保つことが大切です。

掃除のポイントとして、最初に注意したいのは、物を減らすことです。物が多い玄関は、良い気の流れを妨げます。特に、使っていない靴や不要なもの、ダンボールなどが積み重なっていると、運気は停滞してしまいます。玄関ではできるだけ物を減らし、スッキリとした空間を保つことで、良い運気が入りやすくなります。

玄関のドアやドアノブの清掃も重要です。ドアやドアノブは定期的に拭き掃除を行い、常に清潔な状態を保ちましょう。特に、ドアノブは手垢や汚れがつきやすい部分ですので、念入りにお手入れすることをおすすめします。

玄関に不要な郵便物やチラシを置きっぱなしにするのもNGです。長く放置された紙類は邪気を吸収し、良い気の流れを妨げるとされ、運気を下げる原因になります。必要のないものはすぐに処分し、玄関を常に整理整頓された状態に保つように心がけましょう。

また、「悪臭」は貧乏神が好むといわれます。においをはなつ靴など悪臭の原因となる要因は取り除き、アロマなどで良い香りを漂わせるように意識して、貧乏神が入り込まないようにしましょう。

054

玄関を明るくする

玄関を明るく保つことも、大事な金運アップアクションのひとつです。

前述の通り、玄関は運気の入り口です。照明が暗い玄関は、良い運気も舞い込みづらくなり、陰の気を引き寄せ、負のエネルギーやストレスを溜め込む原因になってしまうのです。すると、人間関係にも悪影響が及び、生活全般にわたる不調を引き起こします。

逆に、良い運気は明るさを好むため、自然光がたくさん入る玄関や照明が明るい玄関は、自然と金運や人間関係運が向上すると言われています。

「自宅の玄関は薄暗いな」「電球が切れているのに放置しているな」といった場

合は、すぐに玄関の環境改善に取り組みましょう。具体的には、明るい色の照明を選んだり、電球の照度を上げたり、備えつけのもの以外に照明をプラスするのがおすすめです。

入り口が明るくなれば、良い運気がどんどん舞い込んでいくので、家全体のエネルギーが活性化し、金運もアップします。

また、玄関が明るいと、お出かけ時や帰宅時の気持ちも晴れやかになるので、心も軽やかになります。心が軽やかであれば、行動も自然と前向きになっていくもの。金運だけでなく、全体的な運気が向上していくでしょう。

なお、玄関の照明はできるだけつけっぱなしにして、明るい状態を保っておくほうが、風水的にはプラスの効果があるとも言われています。

もちろん、照明を長時間にわたってつけていると、電気代がかさんでしまうこともあるので、あくまで無理のない範囲で実践してください。

055

水回りの掃除

「水」は風水において金運を象徴する重要な要素です。ですから、お金回りを良くするには、家の水回りを清潔に保つことが欠かせません。

人類の歴史を見ても、古代に生まれた文明は大河の流れる水の豊かな土地で繁栄しました。これは、水によってもたらされた豊かなエネルギーが影響しているのでしょう。

だからこそ、家のなかでもキッチン、トイレ、洗面所、お風呂場など、水に関連する場所は金運に大きな影響を与えます。これらの場所が清潔で、水の流れもスムーズであればあるほどに、良い運気が家全体にめぐりやすくなります。

逆に、水回りに汚れや詰まりがあると、エネルギーの流れが滞り、金運も停滞し、臨時出費や不運を招く原因となります。くれぐれも定期的な掃除を心がけてください。

正常な運気は清浄な空間に宿るもの。掃除のみならず、シンクの生ゴミや汚れたお皿、ドロドロの換気扇を放置しないように、心がけましょう。

特に注意したいのが、排水溝です。排水溝が汚れていると、運気が停滞し、支出の増加などの危険が生まれます。水がいつでもスムーズに流れる状態を保つことで、エネルギーの停滞を防ぐことになります。

普段は簡単な掃除だけだとしても、何日かに一度は念入りに排水溝を掃除し、水の循環を滞らせないことが大切です。

もうひとつ注意したいのは、キッチンやトイレなどの悪臭です。悪臭が漂う空間は、貧乏神が好む場所の特徴のひとつ。

水回りの掃除は面倒くさいかもしれませんが、心を込めて整えることで、自然と金運が引き寄せられ、大きな成果をもたらすはずです。

056

床に物を置かない

私たちの足元を支えてくれる床は、実は家全体のエネルギーの流れに深くかかわっています。そのため、床の状態は、家に流れる運気に大きな影響を与えます。床がきれいで整っていると、金運がスムーズに流れやすくなります。特に洗面所や玄関など、水回りの床の清潔さは、家全体の金運に直結します。

また、床を定期的に磨くのも金運アップには欠かせません。特に洗面所の床は水垢がつきやすいため、マットを敷くなど汚れを防ぐ工夫が必要です。

ちなみに、家の照明を明るくすると、床のゴミや汚れが目立ちやすくなるので、掃除をしようという意識が働きやすくなります。より一層、床の美しさを保つことができるでしょう。

そして、清潔さに加えて、床にはできるだけ物を置かないことが重要です。床が散らかっていると家全体に良い運気をめぐらせるエネルギーの通り道をふさぐことになります。

するとせっかく良い運気が近寄ってきても「この家は入らないほうがいいのかな」「ふさがっているから入らないでおこう」とがっかりして、逃げてしまいます。また、仮に良い運気が家のなかに入ってきても、「この家は居心地が悪い」と感じて、すぐに出ていってしまうのです。

だからこそ、玄関や廊下など家の中心を通る場所には特に物を置かないこと。空間を広く保つことで、エネルギーの流れを妨げないように心がけてください。

057

ベランダの掃除

ベランダは「第二の玄関」とも呼ばれ、家のなかに循環している運気を入れ替え、邪気や悪い気を外に出し、足りない運気を呼び寄せてくれる場所でもあります。つまり、このスペースを大切にすることは、家全体に良いエネルギーをめぐらせ、豊かさを引き寄せることにつながります。

金運をアップさせるベランダには、二つのポイントがあります。
まず一つ目は、ベランダに物を置かないことです。不要なものが多いと、家に入り込む運気の流れを妨げます。さらに、スペース自体が圧迫感を与え、居心地の悪い環境になってしまいます。

家のなかに十分なスペースがない場合、ベランダを不用品などの荷物置き場として活用したくなる気持ちもわかります。しかし、それが金運を滞らせてしまうのも事実です。ベランダに荷物を置く際は必要なものだけを厳選し、シンプルな空間を心がけましょう。

二つ目は、定期的な掃除をすることです。

ベランダがきれいに整っていると、ポジティブな運気がスムーズに家のなかに流れ込んできます。逆に、ベランダに使わないものが散乱していたり、ホコリや砂、泥などの汚れを放置していたりすると、運気の流れが滞り、悪い運気を引き寄せる原因にもなりかねません。

そんなネガティブな状態に陥らないためにも、ほうきやちりとり、デッキブラシなどを使ってこまめに清掃しましょう。また、観葉植物をベランダに置くのもおすすめです。植物が自然のエネルギーを増幅させ、さらに良い運気を呼び込むことができるでしょう。

058

布類（玄関マット・バスマット・カーテン）の洗濯

普段、自宅で使っているマットやタオル、カーテンなどの布製品。これらを清潔に保つのも、金運アップでは大切な行為です。

私たちの家の運気は、玄関から入った後、床を通じて家全体に広がります。このエネルギーは足の裏から吸収され、私たちの運気を大きく左右します。

そして、そのなかでも布類や紙類は特に邪気を吸いやすい存在です。玄関マットやお風呂マット、トイレやキッチンのマット類が汚れていると、足元から私たちの金運を下げてしまうのです。

たとえば、汚れたトイレマットを踏んだ場合、マットに染み込んだ邪気が、家中に拡散され、金運をはじめとする運気に悪影響を与える可能性があります。逆に、マット類を小まめに洗濯し、清潔な状態を保つことで、良い気をしっかりと吸収してくれるので、家全体にポジティブなエネルギーがめぐります。

カーテンの洗濯も重要です。カーテンは、窓やベランダなど「第二の運気の入り口」に欠かせないアイテムです。しかも、カーテンは面積が広いのに洗う頻度が低いため、多くの負のエネルギーが溜まりがちです。ですから、カーテンを洗うことは、家全体の運気を一新するようなもの。タイミングとしては、新年もしくは一年のなかでもっとも太陽の気が強くなる夏至前に洗うのがおすすめです。

そして、見落としがちなのがスリッパです。足が直接触れるものだからこそ、定期的に洗って清潔を保ちましょう。マット類は、週に一度は洗濯し、清潔なものと交換することをおすすめします。また、洗濯時には心を込めて感謝の気持ちで行えば、エネルギーがよりポジティブなものに変わります。

良い運気は良い香りを好むので、洗濯する際は自然の香りが漂う柔軟剤を使用すると、さらなる運気アップの一助となってくれるでしょう。

059

着ない衣服は捨てる

クローゼットには、多くの衣服が眠っていますが、「着ない衣服」は早めに手放すことが肝心です。

衣服などの布類は、邪気を吸い込みがちです。特に3年以上着ていない服は、年月とともにネガティブなエネルギーが蓄積しやすく、金運を下げる原因となります。

また、邪気が染み込んだ衣服でクローゼットがパンパンに埋まっていると、新しい運気が入ってくるスペースがなくなり、エネルギーの流れが滞ってしまいます。これにより、金運だけでなく「出会い運」や「健康運」にも悪影響を及ぼしかねません。

というのも、服には「出会い運」にかかわるエネルギーが宿っています。古くなったり、ほつれたりした服をそのまま保管しておくと、人間関係にも無意識のうちに悪影響を及ぼす可能性があります。

ですから、まずは定期的にクローゼットを見直し、3年以上着ていない服や不要な服を整理することをおすすめします。思い出のある服や「後で着るかも」と思って取っておいた服も、実際に着ていない場合は手放す勇気を持ちましょう。

そのとき、感謝の気持ちとともに手放せば、新しいエネルギーが流れ込みます。捨てるのがためらわれるならば、寄付やリサイクルに出すのもいいでしょう。

収納スペースに余裕を持たせれば、エネルギーの流れが良くなり、自然と金運が向上します。また、整頓されたクローゼットを見るたびに、前向きな気持ちが生まれ、ポジティブなエネルギーを生み出してくれるはずです。

060

古い下着は捨てる

不要になった衣服の処分について、特に忘れないでほしいのが「古びた下着を処分すること」です。

下着は直接肌に触れるアイテムなので、どんな下着をつけるかで、流れ込む運気は変わってきます。新しく清潔な下着は、ポジティブな運気を引き寄せ、心地良い気持ちを保つ手助けをしてくれます。しかし、古くなったり破れたり、ほつれや汚れが目立つ下着は、ネガティブな運気を蓄積しやすく、運気に悪影響を及ぼします。

こちらも着なくなった衣服と同様に、定期的にチェックし、古くなったものや破れたものは早めに処分するように意識しましょう。

「もったいない」と思うかもしれませんが、新しい下着に取り替えることで、清潔な運気が体に流れ込み、金運を引き寄せやすくなります。また、下着を整理整頓することで、スペースが生まれ、新しい運も舞い込むのです。

そして、これは下着のみならず、衣服全体に言えることですが、傷んだもの以外にも処分したほうがいいのが、「一度も使っていない&使う予定のないもの」。きれいな状態のものは捨てるのがもったいないと思うかもしれませんが、これからも使う予定がないものを持っていると、邪気を溜め込み、運気が下がります。思い切って捨ててしまうか、必要とする人へ渡したり、フリマで売ってしまったほうがいいでしょう。

また、嫌な思い出と結びつくアイテムも早めに処分するのが吉。嫌なことを思い出すたびに、あなたの波動が下がってしまいます。思い出の品ではあるので、ためらうこともあるかもしれませんが、運気をダウンさせないために思い切って処分しましょう。

061

ごわごわしたタオルは新調する

毎日使うものだからこそ、消耗が激しいタオル類。これも、早めの交換を心がけてください。

タオルは、洗濯を重ねるごとにごわごわとした手触りになるものです。この状態のタオルは、邪気を吸い込みやすくなり、家全体の運気に悪影響を及ぼします。古びたタオルを使い続けると、無意識のうちに不運を呼ぶ原因となる邪気を引き寄せるのです。

逆に、新しいタオルに取り替えることで、清新なエネルギーを取り入れ、ポジティブな運気を呼び込むことができます。

その際、質の良いタオルを選ぶことで、運気も自然と高まります。柔らかく吸水性の高いタオルは、心地良い感触がポジティブなエネルギーを引き寄せ、心も晴れやかになります。

タオルを選ぶ際には、色にも気を配りましょう。風水では色が持つエネルギーが重要視されますが、金運を引き寄せると言われる黄色がおすすめ。なお、不思議な事実ではありますが、宝くじの高額当選者には、レモン柄の黄色いタオルを持っている人が多いとも言われています。

また、トイレなどの邪気が溜まりやすい場所で使っているタオルは、ほかのタオルよりも頻繁に洗濯することが肝心です。洗濯頻度が高ければ、当然、ごわごわ感も高まっていくので、まめに交換することを心がけましょう。

タオルの交換は、単なる掃除や整理整頓以上の意味を持ちます。古いタオルを手放すことで、邪気を断ち切り、新しい運気を迎える準備が整うはずです。

062

読み終わった本は処分する

本は私たちの知識や経験を豊かにしてくれる大切な存在。ですが、読み終わった本は、きちんと整理しないと運気に大きな影響を与えます。なぜなら、布と同様、紙も邪気を吸いやすい物質のひとつだからです。家のなかに溜まった紙類は、悪いエネルギーを吸収し続けます。

特に不要になった本がクローゼットや本棚に積み重なっていると、空間に滞留するエネルギーがネガティブな影響を与え、金運を下げてしまう原因となります。不要な本を手放すことで、家全体に新しい運気が流れるはずです。

手放す方法としては、「売る」「必要な人にあげる」「処分する」など、どれでも構いません。

また、長く愛読した本には、その本との出合いや学びへの感謝を捧げながら手放すことで、金運の流れが自然と良くなります。

長い間使わずにため込むと運気が滞るのは、本だけではなく、紙類全般に言えること。

たとえば、ブランドショップの袋や箱、かわいいお菓子の箱などは取っておきたくなるものですが、これらも邪気を吸収しやすく、放置しておくと不運を呼び込むことがあります。注意しましょう。

また、本に限った話ではありませんが、捨てる際は必ず「自分のもの」だけにしましょう。家族であっても、人のものを勝手に捨てると、家族間で揉める原因になり、家にネガティブなエネルギーが発生します。

ずっと放置されたものであっても、本人にとっては思い入れのあるものである可能性もあります。それが原因となって、家族間で負のエネルギーが発生してしまうのでは、意味がありません。まずは、自分のものだけを整理することで、金運アップを目指しましょう。

063

ずっと使っていないものは捨てる

使っていない品物は、放置すると嫉妬や妬《ねた》みといったネガティブなエネルギーを帯びやすく、家全体の運気を下げる原因となります。

特に、寝室やリビング、ダイニングなど、家族が集う場所に不要なものが多いと、家全体の波動が低下し、運を引き寄せにくくなります。

長い間、「まだ使えるけど使っていない」という状態が続いているものは、潔く捨ててしまいましょう。肝心なのは、「使えるか」ではなく、「現在使っているかどうか」。きれいな状態でも、長い間使っていないものは、処分するのがおすすめです。

そうしたネガティブなエネルギーが潜んだものを捨てることで、運気の向上を実感する人は非常に多いようです。

人によっては、掃除中に思わぬ臨時収入が入ったり、昔忘れていたお金が見つかったりすることも。整理整頓された空間が新しい運気を呼び込むスペースをつくり出し、豊かさを引き寄せる力を高めていくからです。

ただ、ひとつ注意したいのは、愛着があるものや思い入れのあるものは、無理に手放さないということ。

金運にプラスになるからといって、何もかも捨ててしまっては、後悔も生まれます。一度後悔が始まると、負のエネルギーが生まれて逆効果になりますし、次から何かを手放すことが怖くなってしまいます。

何度も取捨選択を繰り返していくと、自然と自分のなかで「これは捨ててもよい」「これはとっておこう」といった判断が、直感的にできるようになります。その領域に達するまでは、モノを手放すトレーニングだと思って、無理せず、徐々に整理していきましょう。

064

元カレ・元カノから もらったものは捨てる

元カレからもらったジュエリーや、元カノが買ってくれた財布。二人で一緒に映った写真……。

過去の思い出が詰まった品物を手放すことは、ときに勇気がいるものです。でも、すでに別れた恋人がくれたプレゼントは、すっぱりと手放すことで金運がアップします。

元恋人からのプレゼントや思い入れのあるアイテムを大切に保管していると、品物に宿るエネルギーもずっと身近に置いていることになります。思い出が悪いわけではありませんが、もし別れの原因や辛い感情につながる記憶を連想してしまうなら、〝重たい波動〟を発し続ける要因にもなりかねません。

この重たい波動が何をもたらすかといえば、過去の感情に縛られ続け、新しい運気を受け入れづらくするという障害を生みます。

特に金運を含めた運気というのは、軽やかなエネルギーと相性が良いです。古いトラウマや未練を抱えていると、行動や思考がどうしても制限され、新たなチャンスや豊かさを摑みにくくなります。不要なものを捨てることで、しがらみが解消され、身も心も軽くなるのです。

加えて、元恋人との思い出の品を目にするたび、知らず知らずのうちに心が過去志向になり、未来へ向けたエネルギーを削がれてしまうのです。

過去の感情を断ち切り、未来にふさわしい出来事を呼び込むには、今の自分に合った環境や持ち物に整えていくことが大切。

「もう役目を終えたな」と感じるものは、仮に高価なものであっても手放し、感謝を込めて送り出すことで、気の流れが好転しやすくなりますよ。

065

壊れているものは捨てる

壊れたものや寿命を迎えたものは、早めに処分をしましょう。

壊れたものを長く手元に置いておくと、その物が良い気を吸い取り、持ち主の金運を下げる原因となります。

ファスナーが壊れた財布や穴の空いた洋服、黒みがかったボロボロのスニーカー、動かない家電、使い終わった電池……。

これら、寿命を終えたものや使い終わったものも、家に置いておくと、ネガティブなエネルギーを蓄積しがち。運気の流れが滞り、金運だけでなく他の運気も低下してしまうのです。

また、古いエネルギーがこもったものを放置しておくと、新しい運を逃すリスクもあります。邪気を発するものがいっぱいあると、家のなかのエネルギーも受け皿がいっぱいの状態になってしまいます。

そのため、新しい運や出会いがやってきたとしても、キャッチできません。

良い運気を呼び込むためにも、壊れたものや使っていないものは、早めに手放す習慣をつけましょう。

ひびが入ってしまった高級な食器類や古びたブランドバッグ、チェーンが切れて使わなくなってしまったジュエリーなど、高価なものの場合は、手放すのに躊《ちゅう》躇《ちょ》するでしょう。

しかし、壊れたものを放置し続けると、自己肯定感が下がってしまい、人間関係でのトラブルを引き起こすこともあるので、売るなどして対処しましょう。

ただし、一度壊れたものでも、メンテナンスして再利用するのはＯＫです。

修理を通じて物に再び命が吹き込まれることで、エネルギーが再び活性化され、本来の運気が戻りやすくなります。

066

クローゼットの整理

クローゼットやタンス、押し入れは、運気を溜め込み、家全体の運気を左右する場所でもあります。収納スペースをどのように整えるかが、金運を引き寄せる大きなポイントになります。

では、金運が舞い込むクローゼットの特徴とはどんなものでしょうか。

まず重要なのは、クローゼットに適度なスペースを確保すること。運気がスムーズに流れ込むためには、収納スペースに余裕を持たせることが理想的です。余白のイメージは全体の2～3割ほど。これだけの余裕があることで、新しい運気が入り、ポジティブなエネルギーが家全体に広がります。

もし、クローゼットの状態がパンパンだと、新たな運気が入りにくくなり、エネルギーが滞ってしまうので、注意しましょう。

クローゼット内の配置も大切です。重い物や大きな物は下に、小さい物や軽い物は上に配置することで、視覚的にも整い、エネルギーの流れが良くなります。統一感のある収納方法を採用することで、クローゼット全体がすっきりと見えて、気持ちも前向きになります。

そして、避けたいのがダンボールの使用です。ダンボールは紙でできているため、邪気を吸収しやすく、放置するとネガティブなエネルギーが蓄積されやすくなります。

ダンボールで収納する代わりに、きれいに整頓できる収納ボックスやハンガーを使用することで、エネルギーの流れを妨げずに済みます。定期的にダンボールを取り替えるか、処分することを心がけましょう。

067

汚れた靴は洗う

靴は「自分の行く道を指し示す」大切なアイテムです。靴の状態は私たちの歩む道や運気に直接かかわるもの。地面に落ちている厄を防ぎつつ、大地のパワーを体内に取り込む重要な役割を果たしています。

だからこそ、穴の開いたスニーカー、革がボロボロになったローファーなどをそのまま使用し続けると、ネガティブなエネルギーを引き寄せやすくなってしまうので、注意が必要です。

また、汚れた靴や破れた靴が玄関に放置されていると、運の入り口となる玄関のエネルギーがネガティブなものになり、悪い運気を引き寄せるようになります。結果、金運のみならず、ほかの運気にも悪影響を及ぼしてしまうことも。

金運を下げないためにも、壊れた靴や破れた靴は、感謝の気持ちを持って手放しましょう。

サイズの合わない靴や履き心地の悪い靴も、運を下げる原因になるので、思い切って処分を。

履き心地が悪い靴は日ごろから履く機会が少ないので、意外と状態がきれいなケースが多いもの。そんな場合は「なにかのときに使えるかも」という意識が働き、取っておきたくなるかもしれません。

でも、履き心地の悪い靴で外出すると、足に痛みを感じたり、歩くのがおっくうになったり、行動的になれなかったりと、ネガティブなエネルギーが生まれます。そうなれば、運気も下がってしまうので、思い切って手放すことをおすすめします。

もちろん、靴を手放す際は、感謝の気持ちを忘れずに！

068

季節外れのものは片づける

忙しいときなどは、季節外れのアイテムを家のなかに出しっぱなしにしてしまうことも多いものです。

8月になっても七夕飾りを片づけていなかったり、3月3日を過ぎてもひな壇を片づけそびれていたり。でも、忙しさにかまけて、季節外れのものを片づけそびれていると、運気に悪い影響を与えます。

運気にとって「タイミング」は非常に重要なもの。適切なタイミングでエネルギーが流れることで、良い運気が引き寄せられます。

しかし、季節に合わないものを放置しておくと、そのタイミングが乱れ、エネルギーの流れが滞ってしまいます。たとえば、正月が過ぎたのに正月飾りが玄関に残っていると、家全体のエネルギーが混乱し、金運を含むさまざまな運気が低下する原因となるのです。

また、季節外れのアイテムはネガティブなエネルギーを引き寄せます。たとえば、春のアイテムを夏まで飾っておくと、過去への思い出や未練が生まれ、新しい運気が入りにくくなり、結果として金運が停滞することがあります。造花を飾る人も、季節感を大切にしましょう。たとえば、冬にひまわりの造花などを飾っていると、家のなかの運気のバランスを崩してしまいます。

季節ごとの行事が終わったら、速やかに飾りなどは片づけましょう。その際は、「今年一年の楽しい思い出に感謝します。来年も素晴らしい一年になりますように」と心のなかで唱えるといいでしょう。

069

日めくりカレンダーの日付を合わせる

カレンダーは、金運アップには欠かせないアイテムです。

カレンダーは単なる時間を管理する道具だと思われがちですが、風水的には「時間のエネルギー」を司るアイテムです。特に、日めくりカレンダーは毎日新しい日付に切り替わることで、常に新鮮なエネルギーを取り入れる役割を果たしています。

しかし、カレンダーの日付がずれていたり、過去の日付が残っていたりすると、古いエネルギーが溜まりやすくなってしまいます。

古いエネルギーが溜まれば、日々の運気の停滞を招きます。その結果、仕事や趣味などの活動がスムーズに進まなくなったり、お金のめぐりが悪くなったりして、思わぬ支出や収入の停滞が発生しやすくなるのです。

だからこそ、日めくりカレンダーは、毎日更新するよう意識していきましょう。たとえば、朝のルーティンに組み込むなどすれば、自然と習慣化され、日付がずれることを防げます。更新するたびに、前日のエネルギーをリセットし、新しいエネルギーを迎え入れる意識を持ちましょう。

また、カレンダーを設置する場所も運気に影響します。リビングやオフィスなど、毎日目にする場所に置くことで、エネルギーの流れが良くなります。

また、置く場所にもご注意を。カレンダー周りの壁や棚などが汚れていたり、乱雑に置かれていたりすると、エネルギーが滞るため、清潔で整頓された状態を保つことが重要です。

視覚的に美しいカレンダーを選ぶことも運気向上に役立ちます。色合いやデザインが心地よいものを選ぶことで、ポジティブなエネルギーが自然と引き寄せられます。さらに、季節に合わせたデザインのカレンダーを使用することで、季節ごとのエネルギーの変化に対応しやすくなるはずです。

070

カーテンレールに洗濯物を干さない

カーテンレールは、風水では重要な役割を果たす場所です。

レールがある窓辺は光や風を部屋に取り込み、気の流れを良くするため大切なスポットとされています。しかし、カーテンレールに洗濯物を干してしまうと、この自然のエネルギーが阻害されてしまいます。洗濯物が窓を覆ってしまうことで、新鮮な空気や太陽の光が十分に部屋に入らなくなり、エネルギーの流れが滞る原因となるのです。

さらに、カーテンレールに干された洗濯物は、古いエネルギーやネガティブな気を吸収しやすくなる要因にもなります。特に長期間洗濯物を放置しておくと、その湿気などが悪い気を発し、金運だけでなく全体的な運気を低下させてしまうのです。

また、洗濯物を干すことで、浄化効果も減ってしまいます。窓から入る光や風には、悪い運気を浄化する効果がありますが、洗濯物をカーテンレールに干すことで、窓から入ってくる光や風がさえぎられ、ポジティブなエネルギーが停滞しやすくなってしまうのです。

専用のスペースを確保し、洗濯物ハンガーや室内干し専用のラックを使用することで、カーテンレールを汚れや湿気から守りながら、清潔なエネルギーを維持することができます。特に梅雨時期や雨の日には、室内で干すことが増えますが、カーテンレールを利用しないよう意識しましょう。

ついつい行ってしまう習慣ではありますが、洗濯物を適切に管理し、カーテンレールを本来の用途に戻すことで、家全体にポジティブなエネルギーが行き渡り、金運もアップするはずです。

金運100
コラム
3

意外と難しい「もらいもの」の扱い方

家にある不用品のなかでも、扱いに困るのが、「もらったけれども使っていないもの」です。

結婚式の引き出物や誰かからの誕生日プレゼント、職場の同僚からもらったお土産《みやげ》の置物など、気に入ってはいないけれども、好意でもらったものは捨てるのはしのびない。そう考える方は、案外少なくないものです。

でも、いかに人からもらったものは捨てづらくても、悪いエネルギーを発する以上は、持っていてもネガティブになるだけ。思い切って処分してしまいましょう。

状態がきれいなものであれば、フリマなどで販売したり、他人にあげたりするのもいいでしょう。状態が悪いものは、捨てるという選択肢を選んでください。

「申し訳ない」という気持ちが生まれるかもしれませんが、大丈夫です。

大切なのは、物を手放す際にきちんと感謝の気持ちを持つこと。

「我が家にきてくれてありがとう。もう役目は終わったので、手放します」と、感謝を込めて手放すことで、物だけでなく自分自身の心も浄化し、前向きな気持ちを育む助けとなります。

手放すかどうか悩んでしまうものは、「保留ボックス」に入れておくのもいいでしょう。

一度、時間を置くことで、それが本当に大切なものか、手放していいものかが見えてきます。

071
↓
079

【邪気払い編】

071

自分をお清めする

最近、運気が悪い。そう思ったときに、まずやっていただきたいのがお清めです。

特に、絶大なる効果を発揮するのが、節目に行うお清めです。

節目とは、人生や自然の流れのなかでエネルギーの変換点となるタイミングを指します。年が変わる元日や月初め、春分や夏至といった季節の変わり目。また、年齢的な節目として厄年や大厄も重要です。これらの節目は、運気への作用が大きく、自分を見つめ直す絶好の機会でもあります。

特に厄年は、日常の邪気が溜まり、不運が表面化しやすい時期と言えるので、必ず厄払いなどのお清めを行いましょう。

近年は、厄年でも厄払いをしない人も増えていますが、節目のタイミングで神社を訪れ、お祓いの儀式を受けましょう。

邪気が滞った状態が続けば、運気の流れが滞り、怪我や病気、人間関係のトラブル、仕事の問題など、さまざまな不運を引き寄せる原因になります。

しかし、日常的に邪気が溜まっている場合、一度のお祓いでは効果が薄れることもあるため、普段からのお清めも大切にしてください。

毎日のお清めは、美容や健康の習慣と似たようなもの。日々の小さな積み重ねが、人生全体の運気を底上げしてくれるのです。「月破《げっぱ》」や「大耗《たいもう》」などの注意すべき日も、お清めを習慣化していることで運気のダメージを最小限に抑えることができます。

平和で幸運な毎日を過ごすためにも、日常生活のなかに、ぜひお清めを取り入れてみてください。

072

粗塩を持ち歩く

金運を上げるためには、日ごろからお清めを取り入れ、邪気祓いを習慣化することが大切だとお伝えしました。なかでも、日常から簡単に取り入れられるのが、粗塩を使ったお清めです。

粗塩の最大の特徴は、その強い浄化パワーにあります。邪気や厄など不運のもととなるエネルギーを吸収し、持ち主を守ってくれる働きがあるのです。たとえば、塩を小袋や半紙に包んでポケットに忍ばせたり、お財布に入れて持ち歩いたりする方法は、代表的なお清めアクションだと言えるでしょう。

また、粗塩には「生まれた土地のエネルギー」が宿っていると言われています。人間がパワースポットに足を運ぶと、そこにある良い気を受け取り、心身や運気にプラスの変化を感じるのと同じように、粗塩もその土地に宿るエネルギーを内包しています。そのため、土地ごとに塩のエネルギーが変わり、金運や勝負運、癒やしなどの分野に特化したパワーを発揮してくれるのです。

さらに、神社仏閣でいただいた粗塩や、パワースポットの塩を使うと、浄化だけでなく運気を底上げする相乗効果が期待できます。まるで全国のお取り寄せグルメを楽しむかのように、さまざまな土地の粗塩を取り入れることで、家にいながら各地のエネルギーを取り込めるのです。

神様へのお供え物として使う場合も、毎月違う場所の粗塩をお供えすることで、より豊かなバリエーションを楽しめるでしょう。

また、古来より受け継がれてきた粗塩のパワーを、私たちの生活に活かせるのはとてもありがたいこと。日々の浄化アクションを行う際には、感謝の念を込めると、さらに効果が高まります。

073

粗塩をなめる

粗塩には強い浄化作用があります。その強い浄化作用を持った粗塩をなめることで、身体の内側からの浄化を実践できるのです。

この身体の内側からの浄化を「内浄」と言います。具体的な方法としては、粗塩をひとつまみだけ口に含み、ゆっくりと味わいながら飲み込むというもの。

そうすることで、マイナスのエネルギーを吸収した塩が身体のなかをめぐり、不要な厄や悪い気を排出してくれます。とても手軽にできる開運アクションですが、その効果は想像以上に強力です。

たとえば、「あまり気乗りがしない場所へ行かなくてはいけない」「どうにも嫌な感じがする」というときに、出かける前に粗塩を少し口に含んでみてください。

不思議と気持ちが軽くなるのを、実感するはずです。

遠方へのお出かけや、大事な交渉事の前に試してみるのもいいでしょう。また、「なんとなく最近ツイていない」というときにも、この内浄を取り入れることで、スムーズに厄を払い落とし、金運を含む全体運の流れを好転させやすくなります。

さらに、粗塩には産地ごとにそれぞれ独自のエネルギーが含まれています。海から採れる塩は海洋の力を宿し、山から採れる塩には大地のパワーが染み込んでいるのです。人間がパワースポットを訪れると心身がリフレッシュされるように、塩もまた土地ごとの特性を取り込んでいます。

そのため、いろいろな種類の粗塩を試してみると、より自分に合ったものが見つかるかもしれません。

074

粗塩風呂に入る

浄化作用が非常に強い粗塩は、お風呂に入れるだけで身体に溜まったネガティブなエネルギーを一掃してくれる開運アイテムです。普段の入浴に粗塩をプラスするだけで、お風呂がただのリラックスタイムから邪気をリセットする時間へと早変わりします。

金運を含むさまざまな運気は、外からの邪気をはねのけることで、良いエネルギーを招き入れやすくなります。粗塩を使ったお風呂で、身体にまとわりついた邪気を落とし、オーラを清らかにしておくことで、お金にまつわるチャンスや素敵なご縁がめぐってくる可能性が高まります。

また、粗塩風呂での浄化は、チャクラの働きを整えてくれるとも言われています。チャクラは人間の体内を流れるエネルギーの出入り口を意味しますが、スムーズに機能していると心身のバランスが保たれやすくなります。反対に働きが滞ると、ネガティブな感情に引きずられやすくなってしまいます。粗塩風呂の力で、チャクラの詰まりを解消し、オーラをクリアに保ち、金運の流れの淀みを消し去ってくれるのです。

粗塩風呂のやり方は簡単です。浴槽にお湯を張ったら、そこに粗塩を一握りほど入れてよくかき混ぜましょう。するとお湯に含まれた塩が身体を覆い、邪気をしっかりと吸い取ってくれます。

なお、浴槽によっては塩分と相性の悪い素材もありますので、事前に粗塩を使用できる浴槽かどうかを確認しておくと安心です。

もし塩が使えない場合は、同じく浄化作用を持つ日本酒を塩の代わりに入れるのもおすすめですよ。

075

聴覚のクリーニング

金運アップには、聴覚も大きくかかわっています。

実は、私たちの耳は、意識の有無にかかわらず、日々さまざまな音や言葉をキャッチしています。電車やカフェで耳に入ってくる他人の愚痴、不機嫌な声、職場でのネガティブトークなど、自分では制御できない音がいつの間にか心に積み重なっていくことも少なくありません。こうしたネガティブな言葉や音は、運気を下げる大きな要因になり得るのです。

その理由は、「言葉」が強いエネルギーを持っているからです。ポジティブな言葉を聞けば自然と気分が晴れ、心が軽くなるもの。反対にマイナスの言葉は、潜在意識に入り込み、金運をダウンさせます。

聴覚から悪い情報が入る状態を放置すると、気づかないうちにお金まわりが悪化したり、思わぬ出費につながったりと不運体質になってしまうのです。

そこで大切なのが、「聴覚のクリーニング」です。私たちが耳から取り込んでしまった不要なエネルギーを定期的に浄化しリセットしてあげることで、本来持っている運気を取り戻すことができます。

聴覚の浄化方法として、代表的なのは良い音を意識して取り入れること。

ＹｏｕＴｕｂｅなどで波の音や川のせせらぎ、鈴の音を探してみるのも良い方法です。静かな環境でイヤホンを使って聴くと、よりクリアに効果を実感できます。

心地良い音が耳に届くと、まるで耳にこびりついた雑音やネガティブな周波数が洗い流されるように感じるでしょう。家のなかで落ち着いた空間をつくり、数分間その音色に集中するだけでも、邪気が軽くなる感覚が得られるはずです。

076

鈴で浄化する

さまざまな音のなかでも、鈴の音は古くから神社仏閣などでも穢《けが》れを祓うアイテムとして重宝されてきました。

今、自分の金運が落ち込んでいるなと思ったときは、ティンシャや神楽鈴のように、神聖な場で用いられる鈴を鳴らしてみてください。

高く澄んだ音色が耳に届くと、まるで心がリセットされたように感じるでしょう。家のなかで落ち着いた空間をつくり、数分間その音色に集中するだけでも、心身にまとわりついた邪気が軽くなる感覚が得られるはずです。

耳から入る邪気を払う簡単な方法としておすすめなのは、鈴を持ち歩くことです。鈴をキーホルダーにつけて、歩くたびにチリンチリンと音が鳴るだけで、ネガティブなエネルギーを寄せつけにくくしてくれるのです。

貧乏神は、マイナスな音が溜まりやすい環境が大好き。逆に、清々しい音が響く場所には近づきにくいため、自然と遠ざかっていきます。

特に、通勤ラッシュの時間帯に人と密着することが多い方には、鈴はおすすめの開運アイテムです。満員電車などでは、さまざまな人のエネルギーが交錯し、波動の低い言葉やネガティブな感情にさらされるリスクが高まります。そんなときこそ、鈴の音があなたを守るバリアになるのです。

もし、移動中などに鈴がポロリと取れてしまうことがあれば、それは強力に邪気を吸い込んで頑張ってくれた証拠かもしれません。

また、家のなかに鈴や風鈴を飾ることで空間に清々しい波動を広げるのも、お清めとしては効果的です。

077

髪を切るのも邪気払い

髪を切ったときに「なんだか気分がスッキリして、気持ちまで軽くなった」と感じることはありませんか？　実は、これは髪の毛に溜まった邪気が払われた証拠です。

髪には意外なほど、多くのエネルギーが集まると考えられています。私たちの身体は日々、さまざまなストレスや人間関係などからくるネガティブな気にさらされていますが、それらが身体に直接入り込まないように、髪の毛が一種の〝バリア〟となって受け止めてくれているのです。

特に、毛先には重たい邪気が溜まりやすいと言われています。ですから、毛先を少しカットするだけでも思わぬ爽快感を得られるのは、不要なエネルギーを文字通り切り落とす行為だからなのです。

もし最近、停滞感やマンネリを感じている場合は、思い切って髪を整えてみてください。毛先を揃えて軽くするだけでも、自分が抱えていたネガティブな要素がそぎ落とされ、心のなかに新鮮な風を通せるようになります。

特に、頭頂部は良い気が入ってくる入り口とも言われており、髪全体のコンディションが良いと、新しい運気をスムーズに受け取りやすくなるのです。

さらに、邪気をまとった状態は、いわばアンテナにノイズが乗ってしまっているような状態。良い流れをキャッチしにくく、お金に関するチャンスやサポートも見逃しがちです。そこで、ヘアカットによって邪気のノイズを取り除けば、自然とお金まわりを含む全体運がクリアになり、本来のチャンスを摑みやすくなるというわけです。

髪を切ることで、見た目が変わるだけでなく、金運をはじめとした運気全体にプラスの影響をもたらしてくれるはずです。

078

ニューステトックスする

現代人はスマートフォンやテレビ、パソコンなどから、日々、膨大な情報を受け取っています。しかし、ネガティブなニュースや過剰な情報が、あなたの金運を下げる原因になることも。

まず、ニュースを過剰に追いかけると、自然と姿勢が悪くなりがちです。スマートフォンでネット記事を読むときや新聞を読むときは、気づけば背中が丸まり、視線が下を向いてしまうもの。

身体は心と深くつながっているので、姿勢が悪くなると気分までネガティブになります。ネガティブな感情に陥ると、嫌なことを引き寄せるエネルギーが高まり、金運を含めた運気全体を下げる方向に働いてしまうのです。

さらに、ニュースには悲惨な事件や不安を煽《あお》る内容が多く含まれています。社会の動向や必要な情報を得ることは大切ですが、常にネガティブなニュースを目にしていると、心が疲弊し、ポジティブな波動を保ちづらくなります。

この状態が続くと「嫌なことばかり起こる」「お金まわりが悪くなる」といった感覚に陥る方も、決して少数派ではありません。潜在意識がネガティブな情報を受け取り続けることで、不安やストレスが蓄積され、行動力や判断力が下がってしまうのです。

そこで有効なのが「ニュースデトックス」です。「一日限定でニュースを一切見ない」「夕方の30分しかニュースをチェックしない」など、少しハードルを下げた目標を立てるのがおすすめです。

慣れてきたら、2~3日のデジタルデトックスにチャレンジしてみましょう。初日はソワソワしてしまうかもしれませんが、意外と「あれ、なくても大丈夫かも」と感じるようになり、インターネットに振り回されない心地良さを体験できるはずです。

079

お香を焚く

部屋を清々しい空気に変えたいときや、リラックスしたいときにアロマオイルやお香を使う方は多いのではないでしょうか。実は「香り」の存在も、金運をはじめとする運気アップには非常に効果的です。

お香やアロマオイルなどの香りには、「波動」があると考えられています。良い香りはポジティブで高い波動を持ち、穏やかな空気をつくり出します。逆に、貧乏神のような負のエネルギーや邪気は、重たく淀んだ波動を好む傾向にあります。そのため、良い香りが漂う環境では波動が合わず、自然と距離を置くようになるのです。言い換えれば、お香の香りは悪い運気から家を守る強力なバリアとなってくれるわけです。

意識したいのは、自然由来の香りを選ぶこと。合成香料よりも天然の精油（エッセンシャルオイル）や自然のハーブを材料にしたお香のほうが、よりナチュラルで優しい波動を持っています。たとえば、森林浴をすると心が落ち着いたり、疲れが癒やされたりすることがありますが、同じように、自然の力が詰まった香りは波動を高め、ポジティブなエネルギーをもたらしてくれます。

おすすめの香りとしては、「ペパーミント」「ゼラニウム」「ジャスミン」。

ペパーミントは運気を引き上げる力が強く、思わぬ臨時収入を呼び寄せるとされることもあります。ゼラニウムは悪い霊を遠ざけつつ家計を安定させる力があると伝えられており、不安定な時期には心を落ち着かせてくれます。そしてジャスミンは「眠っている間に金運をアップさせる」とも言われ、寝室に香りを漂わせることで、朝起きたときに心地良さを感じ、良い気持ちで一日の始まりを迎えられるはずです。

金運100
コラム
4

こういう人とは付き合うな！ 金運を下げる存在「神様の仮面をかぶった貧乏神」

他人の運気や金運を下げてしまう人のなかには、一見すると良い人に見える「神様の仮面をかぶった貧乏神」がいます。

彼らは、非常に感じが良く、コミュニケーションも上手です。最初は親切に振る舞い、相手に信頼されもします。しかし、時間が経つと相手に与えることをやめ、奪う側に変わっていきます。

こうした人とかかわってしまうと、周囲の人々のエネルギーが削られ、疲れやすくなり、金運まで下がってしまうのです。

このタイプの貧乏神は、会社や組織に入り込むと経営を傾かせたり、ときには倒産へ追い込むほどの影響力を持ちます。それほど大きな負の力を持っているので、いち早くその仮面に気づき、距離を取ることが重要になります。

では、どうしたら貧乏神と距離をおけるのでしょうか？

まず、神様の仮面をかぶった貧乏神は、次のような特徴を持っています。

そのひとつが、相手の良心や親切心を利用する点が挙げられます。彼らは、周囲に「良い人」と思われるように振る舞いながら、金銭的な利益や人脈、エネルギーを引き出そうとします。

表面的にはとても感じが良く、コミュニケーションも得意ですが、本当の目的は「搾取《さくしゅ》」です。

また、彼らは徐々に相手を消耗させるのに長けています。最初は与える姿勢を見せますが、次第に「もらう」「奪う」行動が増えていきます。一緒にいると疲れる、気持ちが沈む、違和感を覚える……こういったサインがある場合、その相手が貧乏神である可能性が高いでしょう。

さらに、彼らの本質が垣間見える瞬間として、店員や目下の人への態度の悪さがあります。普段は良い人の振りをしていても、自分の利益にならない相手には横柄な態度を取ることが多いのです。

このタイプの貧乏神とかかわると、以下のような影響が生じます。

まず、運気や金運が下がります。エネルギーを奪われることで、直感が鈍り、チャンスを逃したり、仕事やお金に関するトラブルが増えます。

続いて、精神的な疲労が蓄積します。貧乏神とかかわると、なぜか気持ちが沈み、ストレスが増えていきます。これは、無意識のうちにエネルギーを吸い取られているからです。

さらに、これまで築いてきた良い人間関係が崩れることもあります。貧乏神が近くにいると、ポジティブな人たちとの関係が悪化し、孤立してしまうのです。

一緒にいるだけで、どんどん運気が悪くなってしまう。そんな貧乏神とかかわらないためには、まず関係を断つことが一番です。

完全にその存在を断つことが難しい場合は、一方的に与える関係にならないように意識し、ギブ・アンド・テイクのバランスを保つことが重要です。職場などでかかわらざるを得ない場合は、当たり障りのない範囲で接し、深く接さないようにしましょう。

「神様の仮面をかぶった貧乏神」は、一見すると良い人に見えますが、実際には周囲の金運やエネルギーを奪い、運気を低迷させる存在です。良い人間関係を築きながら、自分の運気を上げていくためにも、ぜひ相手の本質を見極め、「なんか嫌だな」と思ったら、すぐに距離を置くことを意識してみてください。

080→089

【参拝・お守り編】

080

参拝に行く

最近何かと支出が多い。以前より、収入が減ってしまった。

そんなとき、効果的なのが神社への参拝です。では、なぜ神社への参拝が金運をアップさせてくれるのでしょうか。

まず、神社に足を運ぶことで、神社特有の澄んだ空気や木々の息吹を身体全体で味わうことができます。さらに、参拝は神様に意識を向けるのと同じこと。行為そのものが心の在り方を整え、行動や考え方に好影響を与えるのです。その結果、人脈の広がりや臨時収入などのチャンスに敏感に気づけるようになり、結果的に金運がめぐってきやすくなります。

では、具体的な作法とはどんなものでしょうか。

まず、参拝時は二礼二拍手の後、深呼吸して心が落ち着いたら、神様に「(できるだけくわしく)○○在住の○○です」と自己紹介し、感謝の気持ちを伝えてください。神様は願いを叶えてくれる存在であると同時に、努力する人を応援してくださる存在です。単なる他力本願ではなく、「こういう目標のために自分は行動しますので、見守ってください」という形で意思を示すことが重要です。

そして、すべてが終わったら「ありがとうございました」と感謝を述べ、一礼して神社を後にしましょう。

やってみてほしいのが、できるだけその神社の御祭神や歴史を事前に調べておくこと。知識が増えれば、神社自体に意識を向けやすくなりますし、どなたが祀《まつ》られているのかを知れば、神様に思いを伝える際にお名前を呼んで挨拶しやすくなります。

正しい姿勢と感謝の気持ちを忘れずに参拝すれば、金運を含むさまざまな運気を呼び込むきっかけになるでしょう

081

リモート参拝の活用法

行きたい神社はあるものの、病気や怪我で思うように外出ができない方、あるいは地理的に遠くて簡単に参拝に行けない方には、リモート参拝がおすすめです。しかし、便利な半面「きちんとした参拝になっているのだろうか？」と心配になる方も少なくないようです。そこで、リモート参拝を行う際のポイントと、NGになりやすい方法を解説していきます。

まず、大切なのが「落ち着いた環境を整える」こと。部屋の中でテレビや音楽が大きく鳴っているなかで動画を流すのは、集中力が散漫になるだけでなく、神様に対して失礼な印象を与えてしまいます。できるだけ静かな場所を選び、姿勢を正し、心を安定させてから参拝を始めましょう。

また、オンライン参拝だからといって、極端にラフな格好で臨むのは避けたいところです。もちろん、スーツや正装である必要はありませんが、パジャマや汚れた服などはＮＧと考えてください。神様の前に出る気持ちで、少しだけ整った服装を意識すると良いでしょう。

さらに、トラブルや不安要素を抱えたまま、強行するのもＮＧです。仕事の電話が気になったり、家事の途中で焦ったまま参拝を始めると、本来の浄化がスムーズに進みません。できるだけ時間と気持ちに余裕のある状態で参拝を行い、神様との対話に集中できるようにしましょう。

なお、リモート参拝したら、いつかは現地に足を運んでみるのもおすすめです。オンラインを通じてご縁をいただいた神社に直にお参りできる機会があれば、より一層のご加護を感じられるでしょう。お賽銭《さいせん》については、現地で改めてお納めする方法もありますし、神社によっては郵送でも受け付けているので、ぜひ活用してみてください。

082

お守りを授かる

お守りは古くから武将や経営者にも愛用されてきた歴史あるアイテムです。大切に扱えば、神様のご加護を日常的に得られる心強いお守りとなりますが、雑に扱うとせっかくのパワーを逃してしまうことも。

お守りは神様そのものと捉えられています。保管する場合も、日陰ではなく、できれば目線より高い位置や清潔なスペースに置いて、「いつもありがとうございます」という気持ちを忘れずに。

また、携帯しづらい大きさなら、普段使うバッグのポケットやお財布のなかに忍ばせるなど、なるべく自分と近い場所に置くのがおすすめです。金運のお守りならお財布周り、仕事運・商売繁盛ならビジネスバッグやデスク周りなど、そのご利益に合った場所で活用すると効果的です。

「お守りをいくつも持っていると神様同士がケンカしないの？」と心配する方もいます。ですが、もともと日本には八百万《やおよろず》の神々がいるように、さまざまな神様が同時に祀られている神社も多いもの。むしろ、それぞれの神様の特徴を知り、金運・健康運・縁結びなどテーマに合わせて使い分ける分には、まったく問題はありません。

なお、注意したいのが、お守りを返納するタイミングです。一般的には、お守りの効果は一年を目安にリセットされると言われています。長期間持っていると、穢れが溜まってしまうことも。そのため、一年たったら神社へ返納し、新しいものを授かるほうが運気を滞らせずに済むでしょう。

ただし、願いが叶う前に返してしまうのは躊躇《ためら》われる場合もあるかもしれません。そういうときは「もう少し大切に持っていたい」という気持ちを優先してください。思い入れがあったり手元に持っておきたいときも、そのままで大丈夫です。

083

お守りを扱うときのＮＧ行為

お守りは金運をサポートしてくれる存在ですが、使い方次第では、パワーが下がってしまうことも。では、どんな行動がＮＧになるのでしょうか。

まず、一つ目は引き出しに入れっぱなしにすること。お守りは神様の分身です。暗い場所で放置すると、神様から「ほったらかしにされている」と捉えられかねません。気持ちの良い明るい場所に置くようにしましょう。

お守りを、汚れた状態のまま放置するのも避けましょう。バッグやペンケースに入れていたら、真っ黒になってしまった……などの場合は早めに返納し、新しいお守りをいただくほうが安全です。汚れが溜まったままの状態は、邪気を呼び寄せやすくします。

お守りの袋のなかは神聖な領域です。ですから、袋のなかを開けてみるのは絶対にやめてください。興味本位で覗いてしまうのは神様のプライバシーを侵す行為のようなもので、運気低下につながる可能性があります。

そして、絶対にやってはいけないのが、お守りを投げたり粗雑に扱ったりすること。いくら小さくても軽くても、投げたり放り出したりするのは失礼です。もしものときはそっと置く、そっと手渡すようにしてください。

もうひとつ注意したいのは、お守りだよりにならず、きちんと自分で努力することです。お守りは、あくまでサポート役。神様は、持ち主が本気で努力しているかどうかを見ています。

多くの経営者は神様を大切にしますが、ただ神頼みしているわけではありません。彼らは「神様の力をいただきながら、自分も動いている」からこそ、成功へとつながっているのです。お守りを持っている安心感を、さらにモチベーションアップへとつなげると、金運アップをはじめあらゆる運気がスムーズに流れ出すでしょう。

084

御朱印帳の選び方

御朱印は、神社や寺院を訪れた際にいただく特別な印であり、単なる記念品ではありません。正しい御朱印帳の選び方とその扱い方を理解することで、あなたの金運を引き寄せる力となります。

では、金運を呼び込む御朱印帳とはどんなものでしょうか。

まず、気にしたいのが表紙の素材です。御朱印帳の表紙は、その質感や素材によって持つエネルギーが変わります。

おすすめの素材は「木」です。天然の木の温もりは、安定と繁栄を象徴します。手に取ったときの感触が心地良く、持つ人の波動を高めます。

続いて、「絹」も金運を引き寄せる柔軟なエネルギーを持っており、神聖な気持ちを保つのに最適です。長く使うことで、あなたの金運を支えるでしょう。

御朱印帳のデザインも重要な要素です。

金運を高めたいなら、「鳳凰」「龍」がデザインされたものがいいでしょう。鳳凰は繁栄と吉祥の象徴、龍は力と成功を意味します。そのほか、福を招く「招き猫」や信仰と安定の象徴である「富士山」などのモチーフも、金運アップにつながります。また、社殿や神様がデザインされているものも神社とのご縁が深まるので良いでしょう。

色合いは、金色や黄色がおすすめです。金色は富と繁栄を、黄色は幸福とエネルギーを象徴します。御朱印帳にこれらの色が取り入れられていると、金運が集まりやすくなります。

最後、大切にしたいのは「直感」です。色やデザインだけを重視せず、手に取った瞬間に「これだ」と感じるものを選ぶことを大切にしてください。直感が導く御朱印帳は、金運を引き寄せる力を強めてくれます。

085 金運アップに効果的な御朱印帳の使い方

では、御朱印帳を通じて金運を高めるには、どのような使い方をするべきなのでしょうか。

まずは、定期的に神社や寺院を訪れ、御朱印をいただくことが大切です。特に、金運にご利益がある神社の御朱印が効果的です。弁財天様、大黒様、恵比寿様、お稲荷さん（ウカノミタマ）などが祀られている神社や、商売繁盛にご利益があるとされる神社などがおすすめです。

また、御朱印帳はただ集めるだけでなく、大切に保管することが重要です。きれいな状態で保つことで、その御朱印帳に込められたエネルギーが途切れず、金運を持続的に引き寄せる助けとなります。使用後はしっかりと乾かし、直射日光を避けて保管しましょう。

御朱印をいただいた際には、心からの感謝を忘れずに。感謝の気持ちは波動を高め、さらなる金運を引き寄せるエネルギーとなります。御朱印帳に御朱印をいただいた後は、静かに感謝の気持ちを胸に刻んでください。

定期的に御朱印帳を見返し、これまでの参拝や祈願を振り返ることも効果的です。これにより自分の金運の変化や運気の流れを確認し、今後の行動に活かすことができます。また、御朱印帳を見返すことで、過去の成功体験や幸運を思い出し、さらなるポジティブなエネルギーを得ることができるのです。

仮に願いが叶っても、継続的な参拝を心がけましょう。定期的に祈願を行うことで御朱印帳に込められたエネルギーが積み重なり、金運が安定して上昇します。一度で終わらせるのではなく、一定の頻度で神社や寺院を訪れ、御朱印をいただく習慣を身につけましょう。

086

枕元に金運アップアイテムを置く

寝室は一日の疲れを癒やす場所ですが、運気全般を左右する大切な空間でもあります。なかでも枕元は、眠っている間に頭上から良い気を取り込むポイントと考えられ、ここになにを置くかで運の流れを変えることができます。

まず一つ目は「ノートとペン」。就寝中に見た夢には、潜在意識からのメッセージやヒントが隠れていることがあります。起きた直後にノートを手に取り、忘れないうちに夢の内容をメモしましょう。

二つ目は「目標や叶えたいことを書いた紙」。寝入るタイミングは潜在意識が開きやすい状態なので、願望が頭に入り込みやすい時間帯です。寝る直前に頭に浮かんだ具体的な目標やほしいものを紙に書き込んでおくと、自然と行動が後押しされるでしょう。

三つ目は「理想を先取りした絵や写真」。憧れの風景や達成したいイメージを視覚で捉えると、潜在意識にポジティブなインプットが行われ、金運を含むさまざまな運が動きやすくなります。

そのほか、優しい波動が起こる「木製のアイテム」や、リラックス効果を高める「ピローミスト」などもおすすめです。

落ち着いた環境でぐっすり眠ることで、自律神経のバランスが整い、運気の入り口である頭頂部からスムーズに良いエネルギーを取り込めるようになります。

087

お風呂で浄化する

お風呂は一日の疲れを流す場所として多くの人に利用されていますが、実はその使い方次第で金運に大きな影響を与えることがあります。風水的には、お風呂は「浄化の場」としての役割も持ち、正しく利用することで金運を高めるエネルギーを取り入れることができるのです。

まず、お風呂に入ると、心の中のネガティブなエネルギーや「金毒」を洗い流すことができます。金毒は、体に溜まると金運を阻害する原因となります。正しい入浴方法を実践することで、この金毒を効果的に排出し、良い運気を引き寄せることができます。

そのほか、お風呂周りで注意したいのは、浴室の清潔さを保つことです。「水回りは金運に大きくかかわる」とはお伝えしましたが、お風呂の場合は、特に排水口や鏡、金属部分の掃除を定期的に行いましょう。汚れやカビが発生すると、そこに邪気が溜まりやすくなり、金運を阻害する原因となります。清潔な浴室は、良い運気を引き寄せるための基盤となります。

続いて、浴室のドアは閉めましょう。湿気は邪気の一つとされており、湿気が風呂場の外へと流れると、家の運気も停滞しやすくなります。お風呂上がりはしっかりと換気を行い、浴室内の湿気を外に逃がすことも大切です。

お風呂のお湯を再利用するのは、お湯に浮かぶ邪気が再び体内に吸収される恐れがあります。お湯は一度きりの使用がおすすめです。

また、湯船にゆっくりと浸かることで、浮力を感じ、心身ともにリラックスできます。重力が軽く感じられる状態は、心の浄化にもつながります。肩までしっかり浸かることで、心も体も解放され、ポジティブなエネルギーが高まります。これにより、金運を引き寄せる波動が自然と整います。

ぜひ、実践してみてください。

088

金運が上がるお風呂アイテム

浄化の場であるお風呂は、心と身体を清めることで、金運を引き寄せるためのエネルギーを整えることができます。そんなとき、お風呂に加えると、より効果がアップするアイテムがあります。

まず、一つ目が入浴剤。

そのまま使うだけでなく、天然のハーブやアロマオイルを加えることで、リラックス効果と浄化効果を高めることができます。

お風呂に入るとき、自然の音を流すのもいいでしょう。

波の音や鳥のさえずり、雨や風の音といった自然の音を聞くと、心が落ち着き、より深いリラックス状態に入ることができます。心地良い自然音を流しながら入浴することで、心身の浄化が促進され、金運を引き寄せるエネルギーが高まります。自分に合った音楽や音源を見つけて、毎日の入浴タイムを特別なものにしましょう。

さらに、アロマキャンドルを使うのも、金運アップには効果的です。

たとえば、毎週金曜日などを週に一度の「金運デー」などの特別な日に設定し、この日は、一週間の疲れを癒やしつつ、金運を引き寄せるための祈願を行いましょう。アロマキャンドルを灯したり、金運に関連する御真言やマントラ（弁財天様の御真言である「オン　ソラソバテイエイ　ソワカ」など）を唱えたりしながら入浴することで、意識的に金運を高めるエネルギーを浴槽に取り込むことができます。

089

手に入れると金運アップする動物

世の中には、伝統的な置物から海外発祥の雑貨まで、さまざまな開運グッズが存在します。そのなかでも、私自身も手元に置いている金運アップアイテムを三つご紹介したいと思います。

まずは、エジプトや中東の砂漠地帯でおなじみの「ラクダ」の置物です。遠い異国から財宝を運んできてくれる象徴として、古くから縁起が良いとされてきました。ラクダは厳しい環境でも着実に進む忍耐力の象徴であり、「成功まで粘り強く歩み続ける」という力をイメージさせてくれます。

続いては、財宝を逃さない神獣と呼ばれる「貔貅《ひきゅう》」です。

中国や台湾などで見かけることが多く、幸運のお守りとして親しまれています。

この貔貅は、口からお金を吸い込むものの、お尻がないとされる伝承があるため、一度入った財が出ていかないというユニークな逸話が特徴です。宝くじの高額当選や思わぬ臨時収入を運んでくれるとも言われ、金運グッズ好きの方には外せない逸品でしょう。

最後は、龍の頭と亀の甲羅を併せ持つ、「龍亀《ロングイ》」です。亀は長寿や安定を表し、龍は高みへ上り詰めるエネルギーを象徴するため、その二つが合わさった龍亀は「財が途切れることなく入ってくる」象徴と言われています。

龍亀は、キャリアアップを目指す会社員や自営業の方、ビジネス拡大に意欲を燃やす経営者の方にぴったりです。龍亀をオフィスや仕事部屋に置き、定期的に磨いてあげるだけで、「一歩ずつ確実に成果を積み上げていく」気が満ちてくるはずです。

名前をつけて可愛《かわい》がったり、定期的に磨いてあげたりすると、パワーをより身近に感じられるようになります。日ごろよく目にする場所に置くことで、金運エネルギーをさらに高めることができます。

090→100【マインド編】

090

使うと金運が上がる言葉

普段の生活のなかで、無意識に使っている言葉や口癖が実はあなたの金運を大きく左右することも。言葉には「言霊《ことだま》」という力が宿るとされ、発する言葉が未来や運気を形づくるとも言われています。ポジティブな言葉は良い出来事を引き寄せ、ネガティブな言葉は運気を遠ざけます。

それでは、日ごろから口にしていると金運を高める魔法のフレーズにはどんなものがあるのでしょうか。

まず、金運アップには「ありがとう」という言葉は外せません。言霊の世界においては「ありがとう」は、金運をはじめとするあらゆる運気を呼び込む言葉として古くから大切にされてきました。誰かになにかをしてもらったときや、ちょっとした嬉しい気づきがあったときに、感謝の気持ちを素直に表現してみてください。良い循環が生まれやすくなります。

「運がいい」「今日もツイてる」という言葉も、シンプルですが、効果は絶大です。日常の些細な場面で「ついてるな」「運がいいな」と口に出してみましょう。すると、不思議と「ついてる現象」に意識が向きやすくなり、ポジティブな事柄が次々と現実化しやすくなります。また、ポジティブな意識を持ち続けると、本当に運の良い出来事が起こりやすくなるのです。

良い感情が生まれたときは、「嬉しい」「楽しい」「幸せ」というポジティブな感情をぜひ口に出しましょう。たとえば「今日は家族で食事できて嬉しい」「友達に褒められて幸せ」など、素直に喜びを表現すると、波動が高まりやすくなります。周りの人もその明るいエネルギーを感じて、さらに良い雰囲気をつくってくれます。結果的に、人間関係が円滑になり、新たなビジネスチャンスや金運に結びつく可能性も高まっていくのです。

091

使うと金運が下がる言葉

使うと金運をアップさせる言葉がある一方で、使うと不運を呼び寄せやすい危険ワードも存在します。

まず、「お金がない」という一言は、金運を遠ざける大きな要因となります。自ら「ない」と宣言することで、本当に「お金がない」現実をつくり出してしまうのです。どうしても言いたくなるときは、「今は持ち合わせが少ない」などの表現に置き換え、「ない」というニュアンスを避けましょう。もし口走ってしまった場合は「今のは取り消し！」と、自分の発言を即座にキャンセルする意識づけをすると、徐々にその口癖が改善されていきます。

「お金がない」に続いてよく聞くのが「忙しい」「時間がない」という言葉です。

確かに忙しいのかもしれませんが、その状況を受け止める姿勢は「充実している」など、もう少しポジティブに言い換えるのがおすすめです。言霊の力で、本当に「時間不足」「余裕がない」現実を引き寄せてしまうのを防ぎましょう。

そのほか、「○○さんが羨《うらや》ましいです」など、他人を羨む言葉は、自分自身の不足感を強調します。羨望《せんぼう》の念は自己肯定感を下げ、運気を低下させます。金運を引き寄せるためのポジティブな波動が弱まり、運気が下がる原因となります。「どうせ無理」という言葉は、自分の可能性を否定する表現です。自己肯定感を低下させ、挑戦する意欲を失わせます。これが金運を含む運気全般に悪影響を及ぼし、豊かさを遠ざける要因となってしまいます。

ネガティブな言葉をできるだけ排除し、ポジティブな言葉を使うことで、心と運気は大きく変わります。ぜひ、日ごろから意識してみてください。

092

人に甘える

頑張り屋な人ほど、自分一人で物事を終わらせようとしますが、人に上手に甘え、力を借りられる人ほど、金運はアップする傾向にあります。

人生には何度か大きなチャンスが回ってくる半面、どうしても避けられないトラブルや困難もやってきます。そんなとき、上手に甘えられる人のほうがチャンスをものにし、ピンチを避けることができます。

たとえば、仕事でトラブルが起きそうなとき、ギリギリまで抱え込むと状況が悪化してから周囲に知らせることになります。すると「もっと早く言ってくれればすぐ対応できたのに」と思われるかもしれません。甘え上手な人は、余裕を持って相談したり頼ったりするので、周囲が動きやすく、被害も最小限に済むことが多いのです。

「弱みを見せるのは恥ずかしい」と感じる方もいるでしょうけれど、適度に弱みをさらけ出せる人は、実は周囲から「心を開いてくれている」と好印象を持たれやすいものです。いざというときに一緒に乗り越えた経験は強い絆となり、長期的には大きな金運アップに結びつく場合もあります。

とはいえ、なんでもかんでも他人任せにしてしまうのは逆効果です。

「ここまでは自分で進めたけれど、どうしても専門的な知識が必要なので助けてほしい」「時間的に限界なので、少し手分けしてほしい」といった具合に、〝自分も努力するけれど、自分だけではカバーしきれない部分を手伝ってもらう〟という形がベストです。

また、甘えるといっても「お金を出して」「全部代わりにやって」というような、あまりにも受け身の態度は相手を疲れさせるだけでなく、自分自身の運気を下げる原因にもなります。必要最小限のサポートを上手にもらい、感謝の気持ちを示す〝甘え上手〟になってください。

093

本音を言う

金運を含むあらゆる運は、人間関係の積み重ねのなかで形づくられていくものです。人間関係を通じて金運を高め、人生を切り開いていく人の特徴として挙げられるのが「自分の本音をうまく伝えられる」ことです。

遠慮して心を閉ざしていると周りの人は「本当はどうしたいの？」とモヤモヤしたままですし、ピンチのときに力になりたくても手が出しづらいものです。一方で、素直な気持ちをさらけ出すと、周囲の人も「ああ、そういうことなら協力したい」と積極的になってくれます。

また、周囲との誤解が減り、コミュニケーションが円滑になりますし、困ったときにすぐ対策が取れるため、さまざまなリスクも抑えられます。こうした積み重ねが、金運や仕事運を底上げする下地となっていくのです。

本音を言うことは、相手に「あなたを信用しています」というメッセージを伝える行為でもあります。その信頼関係の上に築かれる絆こそが、長い目で見たときに大きな幸運と安定した金運を育てる原動力になります。自分の思いをきちんと口にし、周りを巻き込みながら少しずつ前進していきましょう。

また、素直に自分の気持ちが言える人は、「周りに愛される雰囲気」をつくり出せる傾向があります。そのため、相手から「この人のためになにかしたい」という思いが自然と湧いてくるのです。

あなたの周りに「この人を助けたい」、「一緒に頑張りたい」と思ってくれる仲間が増えれば増えるほど、人生はより豊かな方向へと開けていくはずです。

094

夢リストを書く

あなたの心のなかには、行ってみたい場所、ほしいもの、なりたい自分の姿、やってみたい挑戦など、頭のなかに浮かぶ理想や願いはありますか？　もし、それらを実現したいと思うなら、その理想や願いを自由に書き出した「夢リスト」を作成しましょう。

なぜ、自分の夢を紙に書くことが金運につながるのか。それは、明確なビジョンを持つ人ほど、自分が求める未来に必要な行動を取るようになるからです。すると必然的に経済活動や仕事運が好転し、結果として金運もアップしやすくなります。

さらに「5年後にこんな暮らしがしたい」「海外留学して資格を取りたい」な

ど、具体的な夢があると、それを叶えるための資金計画が現実的なモチベーションになります。日常のなかで無駄を減らし、チャンスがめぐってきたときには迷わずそのチャンスを摑めるようになるでしょう。

夢リストには、特に書き方の縛りはなく、思いつくままに箇条書きにしていく感覚で構いません。ポイントはできるだけ具体的に書くことです。「ヨーロッパ一周旅行」よりも「イタリアでパスタを食べ歩きたい」といったイメージが浮かぶほうが効果的です。

書き終えたら、自分の声でリストを読み上げると潜在意識に届きやすくなります。感情を込めて「ああ、これが実現したら本当に嬉しいな」と思い描きながら読むと、ワクワク感が高まり、やる気が引き出されるでしょう。

そして、机の引き出しなど、ふとしたときに取り出せる場所に保管しておきましょう。毎日目に触れるようにしておくと、自然と脳が夢にフォーカスするため、チャンスを逃しにくくなります。

095

アファメーションをする

「アファメーション」という言葉を、みなさんはご存じでしょうか？

これは、肯定的な言葉を繰り返し唱えることで、なりたい姿を潜在意識にインプットし、理想の状態を叶えていく手法のこと。一見シンプルなアクションですが、実は潜在意識を大きく揺さぶり、豊かさや幸せを引き寄せる効果があるとされています。

では、どんなやり方が有効なのでしょうか。

まず、朝起きたときや夜寝る前に、次のようなフレーズを声に出して言ってみてください。

「私はお金を受け取る準備ができています」

「今日は金運に恵まれている」

「私のもとにお金やチャンスがたくさん集まってくる」

朝起きた瞬間や夜寝る前は、頭が完全に覚醒していないため潜在意識の〝扉〟が開きやすい状態と言われています。このタイミングで金運向上のアファメーションを唱えると、そのメッセージが深層意識に入り込み、日常生活でのお金に対するブロックを徐々に解消していきます。

また、言葉にはエネルギーがあります。声に出して発することで、自分の耳から再び取り込まれ、肯定的なメッセージが内面に浸透しやすくなります。朝と夜のみならず、移動中や休憩時間など、スキマ時間も活用しましょう。

大切なのは、一度や二度で終わらせず、継続することです。続けるうちに、自分が口にする言葉のエネルギーがどんどんポジティブになり、周囲にも良い影響を及ぼすようになるでしょう。周囲が変わるとビジネスチャンスやサポートも得やすくなり、金運がスムーズに回り始めます。

096

やる気が出ないときにする
な金運アップアクション

ときには、どうしても気分が落ち込んだり、意欲が湧いたりしない日もあります。そんなときこそ上手に切り替える工夫をしておくと、後から思わぬ運やチャンスが舞い込んでくる場合があります。では、やる気がないときは、どのようなアクションが必要なのでしょうか。

まずは、何も考えない〝無の時間〟を設けること。日本人は休むのが下手だと言われますが、「仕事がない日＝休息」には必ずしもなっていません。休日でもスマホを見続けたり、頭のなかでは明日の予定を考えたりしている場合がありま す。それでは脳が休まらず、思考の渋滞を解消できません。

1分程度の座禅や簡単な瞑想を行うのもいいです。それを難しく感じる場合は、

「今は休む時間だ」と割り切り、雑念が浮かんできたらふっと手放すイメージを持つと楽になります。脳を休ませることで、知らず知らずに溜まっていたストレスも軽減され、スッキリと再始動できるようになります。結果として行動力が高まり、良い流れを受け取りやすくなるのです。

さらに、「ジャーナリング」と呼ばれる、紙に思考をアウトプットする方法もおすすめです。なにを書くかは完全に自由。頭に浮かんだことを書き連ねるだけでもOKです。

これにより、頭のなかにある想いや悩みが外に出るため、心が整理されやすくなります。長い文章を書くのが苦手な人は、短い時間と3行程度の記述から始めてみてください。忙しくてもさっと取り組めるため、続けやすいです。

また、「やらねばならないこと」からあえて離れ、まったく違う行動をするのも手です。普段しない掃除をしたり、散歩やストレッチなど簡単な運動を取り入れたりするだけで、頭がリセットされて気分が変わっていきます。

097

金運と曜日の関係性を知る

1週間は7つの曜日に分かれていますが、実はそれぞれの曜日が独自のエネルギーを持っています。それぞれの曜日が持つエネルギーを知り、行動を意識することで、金運を効果的に引き寄せることができます。

まず月曜日は、家全体の浄化に注力しましょう。掃除で環境を整えることで、金運の流れをスムーズにします。

火曜日は積極的な行動が吉とされ、ビジネスなど金運につながる活動を行うのに最適です。新しいプロジェクトを始めたり、新しい取引先を開拓することで、運気を高めることができます。

水曜日は、内面のリフレッシュと調整の日。瞑想やジャーナリングを取り入れ、自分の感情や考えを整理することで、心のバランスを整えましょう。

そして、成長や発展を象徴する木曜日は、新たな学びやスキルの習得に適しています。散歩やガーデニングなどの自然と調和する活動や会食やお茶会などといった人との交流を大切にすると、良い効果が生まれます。

金曜日は、新しい出会いや人脈づくりに積極的に動きましょう。友人との交流やイベントなどに参加することで、思わぬ金運のチャンスが舞い込むかもしれません。自分をアピールするには絶好の機会です。

そして、土曜日は長期的な計画を立て、家計を見直すことで、確実な金運アップを目指せます。地道な努力が実を結びやすいので、コツコツと取り組むことが成功につながります。

日曜日は、リラックスしつつ、心身を新しい週に向けて準備を整えましょう。次の週の金運を引き寄せるエネルギーを蓄えることができるはずです。

曜日ごとのエネルギーを理解し、アクションを取ることで、金運を効果的に引き寄せてみてください。

098

行動的になる

行動は運命を切り開く鍵です。特に金運に関しては、積極的な行動が、豊かさを引き寄せる力を持っています。

なぜ、行動することで金運が上がるのか。ひとつは、私たちの内なるエネルギーが活性化されるからです。エネルギーが高まることで、宇宙からのポジティブな波動が引き寄せられ、金運も高められていくのです。

また、行動を起こすと、新たなチャンスに出会う可能性が高まります。たとえば、プロジェクトに参加したり、イベントなどに参加したりすることで、思わぬ収入源を得ることができるかもしれません。

行動を通じて自己成長を図ることも、金運を高める要因となります。本を読んだり、新しいスキルを学んだりすることで、自分の能力が向上すれば、より高収入の仕事に就くチャンスが増え、ビジネスの成功率も高まります。自己成長は、金運を引き寄せるための基盤を築く重要な要素です。

では、どうしたら行動的になれるのでしょうか。

まず、自分の望むものがなにか、具体的な目標を明確にしましょう。目標が明確になることで、それに向かって行動を起こしやすくなります。

目標が決まったら、いきなり大きな行動を起こすのではなく、小さなステップから始めることが成功には必要です。たとえば、毎日少しずつ本を読む習慣をつけたり、新しいスキルを学ぶための勉強会に参加したりすることから始めましょう。小さな成功体験が、自信を育み、さらなる行動へのモチベーションを高めます。

そして、一番大切なのは行動を続けること。継続することで、エネルギーが蓄積され、金運が自然と流れ込んでくるようになります。途中で諦めず、目標に向かって一歩一歩進むことを意識するといいですよ。

099

自分の気持ちを大切にする（自分を犠牲にしない）

優しい人ほど、人間関係のなかで、ときに自分の考えを抑えて周囲に合わせがちなもの。ですが、自分の意見を言わず、周囲の人ばかりを尊重した「自分を犠牲にしてしまう」状態が長く続くと、人生の変化や発展が起こりにくくなり、金運にも悪影響を及ぼす場合があります。

常に周囲に合わせ続けると、本当にやりたいことが見えなくなって、「なにが好きなのか」「どんな夢や目標を持っていたのか」という、自分らしさの核が薄れてしまいます。そうすると、行動にワクワク感がなくなり、やる気や創造力も湧きにくくなっていきます。

さらに、自分が納得していない行動は、どうしてもエネルギーが低くなりがちです。「自分の気持ちを我慢する＝心の不満」という構図が積み重なると、オーラや波動が停滞してしまいます。波動が下がると引き寄せられる運も限られ、金運を含めたチャンスを逃すリスクが高まるのです。

日ごろから、自分がなにをしたいのか、どんな未来を望むのかを改めて考えてみましょう。新しい趣味を始めてみたい、ずっと行きたかった場所へ足を運んでみたいなど、思い浮かんだことを実践すると、自分がいきいきと輝きます。その結果、新たなチャンスや人脈が生まれることもあるでしょう。

また、自分の意思と違うことには、ときとしてNOを言うことも大事です。「自分の心を大切にしている」という実感が生まれ、波動をぐんぐん高めてくれます。

さらに、ありのままの自分でいる状態は、宇宙からのサポートを受け取りやすくしてくれます。自分の気持ちを正直に表現していれば、偶然のような必然が重なって、望む方向に進んでいけるのです。

100

気分が乗らないときは、金運アップを意識せず、お休みする

金運アップを行う上では、「吉日」と呼ばれる特別な日に特定の行動を取ることが推奨されています。

吉日があるたびに、その日の特性に合わせてアクティブに動くのは、一見すると金運を高めるための良い方法のように思えます。

しかし、心身に大きな負担をかけてしまうこともあります。

「何日がなんのアクションだった？」と混乱するほどアクションが多いと、精神的な疲れが溜まりやすくなります。結果として、アクション自体がプレッシャーとなり、金運を阻害する原因となるのです。そんな状態は心身に負担をかけ、「吉日疲れ」と呼ばれる状態を引き起こし、逆に運気が低下してしまいます。

「なんだか最近疲れたな」と思ったら、吉日であっても、思い切って金運アップアクションはお休みしましょう。

宇宙のエネルギーは常に変動しています。

気分が乗らないときに無理をせず休むことで、運気の自然な流れに身を任せることができます。無理にアクションを起こすと、自分の気持ちを押さえて、金運が下がってしまう可能性があります。内なる声に耳を傾け、適切なタイミングで行動を起こすことが、金運を引き寄せるためには重要です。

また、気分が乗らないときに無理をせず休むことで、心に余裕が生まれます。無理をしてアクションを続けるよりも、自分のペースを尊重することで、長期的に金運が安定して向上していくはずです。

おわりに

最後まで本書を読んでいただき、本当にありがとうございました。

ここまで、100の金運アップアクションをご紹介してきましたが、なかには「これはちょっと自分にはできないな」「難しいな」と感じたものもあるかもしれません。

ですが、本に載っている方法を、すべて実践する必要はありません。「やりたくない」「苦手だ」と思うことを無理に行うと、負のエネルギーが生まれてしまうもの。それでは、せっかくアップした金運も下がってしまいます。

さまざまな方法のなかでも、ご自身が「やってみたい」と思うものだけを、試してみてもらえればと思います。もしくは、毎日パラパラとこの本をめくって、直感的に目にとまった方法を、日々の生活に取り入れてみるのもおすすめです。

また、効果はすぐに出るものではありません。最初は意味がないように思うかもしれませんが、日々の行動や習慣、考え方が変わるだけで、驚くほど金運がアップする効果を、ご自身でも体感できると思います。

最後にお伝えしたいのが、「お金は単なる道具ではない」ということです。

仮に1億円を持っていても、有効活用できなければ、ただの紙切れに過ぎません。その1億円を使って、夢や目標を実現することで、心からの喜びを感じられます。どれだけお金をたくさん持っていても、持ち続けるだけでは、心から満たされた人生を歩むことはできないのです。

せっかくお金が増えたとしても、夢や目標を実現したり、身の回りの人への感謝の気持ちとして還元しなければ、本当の意味で幸福にはなれません。ですから、ぜひお金を持ち続けるだけでなく、適切に管理し、愛し、使うことも意識してほしいと思います。

本書の100の金運アップアクションを通じて、あなたの人生が真に豊かで幸せな未来へと導かれることを、心から願っています。

たかみー

金運上昇にまつわる様々なことを伝える「金運師」。YouTube「金運上昇チャンネル」は登録者数28万人を突破。金融会社で3年6か月連続営業成績1位を達成し、飲食店を開業するも人間関係で悩み、自殺未遂、引きこもりを経験した時代に1500万円の借金を抱える。「目先のお金を追う」のをやめ、「お金を含め、他者のことを考える」ようにした結果、あとからお金が入ってくるようになり借金完済。以後、1人でも多くの人が前向きに人生を踏み出せるようにと発信を続け、著書『金運年鑑』(かんき出版)は7万部を超えるベストセラー。

金運100

発行日　二〇二五年三月十日　初版第1刷発行

著者　たかみー
発行者　秋尾弘史
発行所　株式会社 扶桑社
〒105-8070
東京都港区海岸1-2-20 汐留ビルディング
電話　03-5843-8842（編集）
　　　03-5843-8143（メールセンター）
www.fusosha.co.jp

装丁　ヤマシタツトム
DTP制作　株式会社 Sun Fuerza
校正　岡本淳
編集　宮下浩純（扶桑社）
印刷・製本　サンケイ総合印刷株式会社

ISBN 978-4-594-09958-9